瞻园

戴路·编著

符号江苏·口袋本

Zhan Yuan

江苏凤凰美术出版社

图书在版编目（CIP）数据

瞻园 / 戴路编著. -- 南京：江苏凤凰美术出版社，2021.9

（符号江苏·口袋本）

ISBN 978-7-5580-9253-4

Ⅰ. ①瞻… Ⅱ. ①戴… Ⅲ. ①古典园林－介绍－南京 Ⅳ. ①K928.73

中国版本图书馆CIP数据核字（2021）第214038号

责任编辑　舒金佳
责任校对　吕猛进
责任监印　张宇华
图片提供　徐　丁　井　然　何　振

书　　名　瞻　园
编　　著　戴　路
出版发行　江苏凤凰美术出版社（南京市湖南路1号　邮编：210009）
制　　版　南京新华丰制版有限公司
印　　刷　南京新世纪联盟印务有限公司
开　　本　787mm×1092mm　1/32
印　　张　5.25
版　　次　2021年9月第1版　2021年9月第1次印刷
标准书号　ISBN 978-7-5580-9253-4
定　　价　35.00元

营销部电话　025-68155675　营销部地址　南京市湖南路1号
江苏凤凰美术出版社图书凡印装错误可向承印厂调换

目录

前　言

瞻园位于古都南京素有“六朝金粉”之称的国家5A级景区夫子庙秦淮风光带上，是南京目前仅存的两组保存较为完好的古典园林之一，占地面积近3万平方米。其独特深邃的历史底蕴，鬼斧神工的湖石绝品，匠心独运的叠掇技法，在中国造园史上独树一帜。全园既保留了明清园林风格和建筑特色的历史原貌，又汲取了我国造园艺术中南秀北雄之精华，兼容并蓄，宛若天成。

这里原系明朝开国元勋、魏国公徐达（卒后追封中山武宁王）府邸。明太祖为酬徐达征战功业，特在吴王旧邸（今王府园）南侧为其新建宅第，并

瞻园内景

竖大功坊以表其功。但明初国力未充，崇尚“简质”，朱元璋严限臣僚、百姓于住宅周边兴建园池。故“当赐第初，皆织室马厩，久不治悉为瓦砾场”。至正德、嘉靖年间，朝廷禁令松弛，造园之风开始盛行。其时，徐达七世孙太子太保徐鹏举“征石于洞庭、武康、玉山，征材于蜀，征卉木于吴会”，凿池叠山，起废兴园，因在府邸西侧，故名“西圃”。万历中，徐达九世孙徐维志再兴土木，依山筑基，引流为沼，构亭建堂，移花接木，西圃更显富丽堂皇、美轮美奂。

明亡清兴，西圃籍没入官，先后成为江南、安徽、江宁布政使衙署的重要组成部分。康雍乾三朝，瞻园得到全

瞻园入口

面的拓展和修缮，“竹石卉木为金陵园亭之冠”，声名远播，进而成为江南文人墨客、官僚雅士聚会的重要场所。他们流连于园中胜景，吟风啸月，留下许多文情并茂、脍炙人口的诗篇。诸如袁枚的诗、姚鼐的赋、吴敬梓《儒林外史》书中的瞻园，腊雪初消、寒浦栖烟、梅花疏影、香凝翠献，呈现出一派灵动秀美的盎然生机。而当时宫廷画师袁江所绘《瞻园图》，更是笔墨精湛、曲折有致，以写实手法，一展瞻园山水池沼、亭台楼阁、竹石卉木、楹联匾额等瑰丽奇绝的鼎盛全貌。

乾隆二十年（1755），托庸任安徽布政使，大兴土木，“迎銮重起阁，避雨更添廊”，并在园内植牡丹、芍药、

全园布局

池莲等名贵花木，构筑石坡、梅花坞、平台、老树斋、竹深处、木香廊等十八胜景。乾隆二十二年（1757），清高宗二次南巡时即亲临此园，并御赐“瞻园”匾额，还命随行画师“图写形制”，回京后在长春园内仿瞻园形制建“如园”。自此瞻园名声日隆，与苏州拙政园、留园、无锡寄畅园、上海豫园并列为江南五大名园。

嘉庆以降，因维护不善，道光后期已“渐就荒芜”。1853 年 3 月，太平天国定都南京，瞻园又先后做过东王

杨秀清王府、夏官副丞相赖汉英衙署及幼西王府。1864年7月清军陷南京，瞻园遭到很大破坏。同治六年（1867）至清亡，其园曾经三次修葺，“纵未能尽复旧观，而胜迹犹赖以存”。辛亥鼎革，瞻园初为江苏省省长公署，1933年又充作国民政府内政部和“中统局”本部。抗战时期复被汪伪的全国水利委员会盘踞。

1949年4月，南京解放，瞻园由南京市军管会接收，先后划归诸多军政部门使用。1958年春，经南京市委市政府批准，太平天国历史博物馆迁入瞻园。2006 年 6 月，瞻园被国务院公布为第六批全国重点文物保护单位。

600余年来，瞻园备极荣辱、屡经盛衰，既有轻歌曼舞、曲径通幽的深邃意境，亦有破败荒芜、残山剩水的凄凉光景。下面，就让我们一起来欣赏品鉴瞻园的满园景致和沧桑兴废。

第一章

历史篇

第一节 徐达授封开府

瞻园建第开园的渊源，要追溯到明代开国功臣徐达。

徐氏族谱中的徐达像

徐达（1332—1385），字天德，安徽凤阳人，与朱元璋同乡，元末参加农民起义军队伍，后助朱元璋起兵。徐达戎马一生、战功赫赫，先后率部击败陈友谅、攻灭张士诚，夺占元大都，镇抚幽燕，稳定明朝北部边界，是大明开国第一功臣。朱元璋正式登基称帝后，论功行赏，敕封徐达为魏国公，死后更追晋中山王，谥武宁，明太祖称其“破虏平蛮功贯古今人第一，出将入相才兼文武世无双”。

据《明史·徐达传》记载，明太祖与徐达“宴见欢饮，有布衣兄弟称”。但与朱元璋共事多年的徐达深知太祖性忌，故终生恪守君臣之道，谦虚低调，对上“愈恭慎”。朱元璋曾经对徐达说：“徐兄有功，未有宁居，可赐以旧邸。”旧邸指的是朱元璋称吴王所居王府，将其赐给徐达意味深长，徐达当然“固辞”。此后不久，朱元璋再次以封宅名义试探徐达的忠心：“一日，帝与达之邸，强饮之醉，而蒙之被，舁卧正寝。”酒醒后，

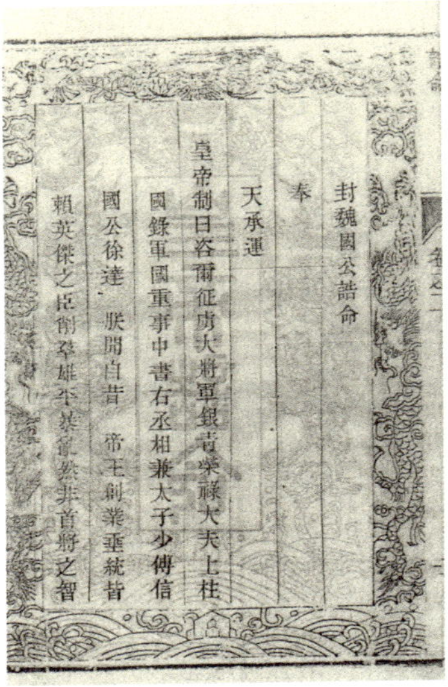
封魏國公誥命
奉
天承運
皇帝制曰咨爾征虜大將軍銀青榮祿大夫上柱
國錄軍國重事中書右丞相兼太子少傅信
國公徐達，朕聞自昔帝王創業垂統皆
賴英傑之臣[illegible]雄[illegible][illegible]然非首將之智

封魏国公诰命

徐达发现自己高卧于吴王府旧邸正室，顿时如临深渊，“惊趋下阶，俯伏呼死罪”。这段精彩的描述后被清江苏巡抚丁日昌编入《百将图记》，题名“伏阶称罪”。显然，这一举动甚得明太祖欢心，史载“帝觇之，大悦”。最终，朱元璋“乃命有司即旧邸前治甲第，表其坊曰‘大功’”。这就是今天瞻园所在地明魏国公府的由来。

由于明太祖曾临幸过魏国公府，故有明一朝，南京徐氏但凡置办家宴，宾客皆不敢占据主位，府邸中门也不轻易开启。根据明代地方史志描述，国公府规模宏大，建筑富丽堂皇，“左带秦淮，右通古御街”。其范围大致在今天东至夫子庙，西达中华路，南临瞻园路，北抵建康路的区域内。朱元璋敕建的大功坊，最迟在清代道光年间就不存在了。当时的南京著名文人甘熙，在其笔记《白下琐言》中写道：“前明如徐中山大功坊，伟绩宏勋，此为最著，今漫无其迹矣。”

经过元末战火的摧残，明初社会经济凋敝，百废待兴。因此，明朝政府诏令“简质”，即简单质朴，严控奢靡享受之风气。文武百官的宅邸、舆服、器用制度更是严格要求，明法典规定“国初以稽古定制，约饬文武官员家不得多占隙地妨民居住，又不得于宅内穿池养鱼，伤泄地气，故其时大家鲜有为园囿者”。意思就是严禁达官显贵圈地挤占民居，更不允许于宅院内构筑亭馆、开凿池塘，所以当时几乎没有园囿之所。一向谦虚谨慎的徐达，他的府邸当然要遵从诏令的要求，府邸西侧空地也就是今天瞻园的位置，“仅为织室马厩之属，日久不治，转为瓦砾场”。直到徐达七世孙徐鹏举继任魏国公后，西圃依旧是一片无人打理的残砖破瓦。

伏阶称罪

徐达墓

第二节 魏国公叠石造园

永乐十九年（1421）明成祖朱棣迁都北京，南京成为“留都”，部分皇室和重臣留驻此地，府部犹存。当时“诸公侯多卜燕地，凡府第在南者，久自倾塌，尽被屠沽市儿侵占，莫可辨识”。徐达家族受“靖难之役”影响，长子徐辉祖被朱棣长期软禁，长孙徐钦袭承魏国公爵位，也曾

瞻园航拍图

一度被罢，直至明仁宗朱高炽时才得复爵。“勋贵徐常，阀阅相望”，明代早期动荡的政治局势，使得徐达家族无暇他顾。至明代中叶正德、嘉靖年间，朝廷“简质”禁令松弛，社会生活亦日趋富足，江南地区造园之风开始盛行。

嘉靖初年，第七世魏国公徐鹏举凿池叠山，兴筑园林。征石于洞庭、武康、玉山；征材于蜀；征卉于吴会，将昔日魏国公府的“织室马厩之属”“瓦砾场”营造成私家花园。因紧邻赐第西侧，为“魏国公之丽宅西园”，但因与四锦衣之西园相涉，遂名西圃。此后，西圃经过徐邦瑞、徐维志等数代魏国公的经营，逐渐蔚为可观。万历三十年（1602）正月魏国公府受到火灾影响，西圃幸免于难。万历皇帝念“中山之奇勋”，遂“命工部重造其第”。

但此时明亡清兴的历程已然开启，不过40多年，曾

瞻园

经繁盛辉煌的大明王朝最终在起义军和清军的夹击下轰然坍塌。而随着朝代更迭，徐氏家族的恩宠荣光也湮没在历史的尘埃中。据清人余怀《板桥杂记》云：末代魏国公徐文爵的弟弟徐青君“家赀巨万，性华侈，自奉甚丰，广畜姬妾。造园大功坊侧，树石亭台，拟于平泉、金谷”。清军入南京，徐青君被“籍没田产，遂无立锥；群姬雨散，一身孑然；与佣丐为伍，乃为人代杖”。落魄的徐达后裔沉沦到需要给别人代替受刑方能讨得生活，实在是可悲可叹。对此，清初诗人吴梅村有作：“吁嗟中山孙，志气胡勿昂。生世苟入此，不如死道旁。惜哉裸体辱，仍在功臣坊。”

第三节　江宁使院

清廷底定江南后，改明南直隶为江南省，南京为江宁府，魏国公府邸则籍没入官，先后成为江南、安徽、江宁等布政使司的衙署。

清代布政使从二品，掌管一省钱粮民政，在地方官制中地位仅次于总督、巡抚。布政使职权包括承宣政令，向下传达上级指派的政务和法令；管理属官，发放官员俸禄、考核政绩；掌管全省赋税，负责财政收支，统计户籍、赋税徭役、民田数量等民事内容。

顺治十八年（1661），江南省分置左、右布政使，江南左布政使治所在江宁（今南京），统辖安庆、徽州、宁国、池州、太平、庐州、凤阳、淮安、扬州九府和徐州（后升格为府）、滁州、和州、广德四直隶州，大体是今安徽大部及苏北地区；江南右布政使驻地在苏州，统辖江宁、苏州、常州、松江、镇江五府和太仓、邳州、海州、通州四州，大体是今苏南地区。康熙六年（1667），清廷把江南省一分为二，江苏、安徽分别建省，同时命每省只设一名布政使，江南左布政使遂改为安徽布政使，仍寄驻江宁。江南右布政使改为江苏布政使，亦称苏州

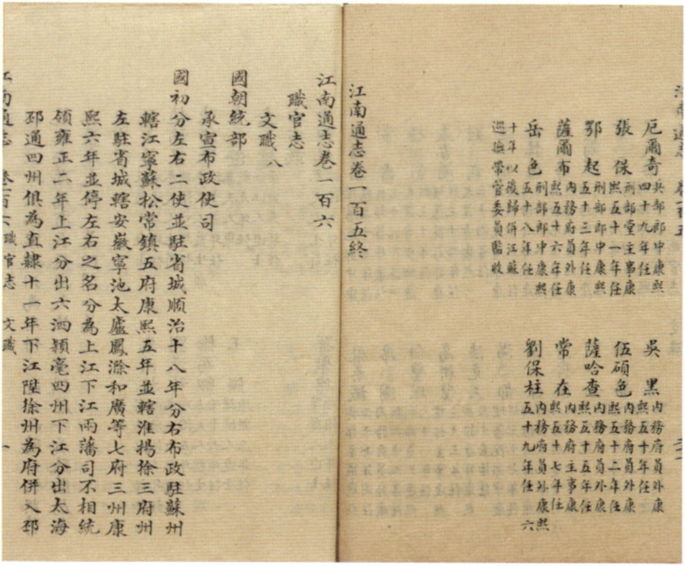
江南通志卷一百六
職官志
文職八
國朝統部
承宣布政使司
國初分左右二使並駐省城順治十八年分右布政駐蘇州
轄江寧蘇松常鎮五府康熙五年並轄淮揚徐三府州
左駐省城轄安徽寧池太廬鳳滁和廣等七府三州康
熙六年並停左右之名分為上江下江兩藩司不相統
領雍正二年上江分出六泗潁亳四州下江分出太海
邳通四州俱為直隸十一年下江陞徐州為府併入邳
江南通志卷一百六 職官志 文職

江南通志卷一百五終
厄爾奇 兵部郎中康熙四十九年任
張保 刑部堂主事康熙五十一年任
鄂起 刑部郎中康熙五十三年任
薩爾布 內務府員外康熙五十六年任
岳色 刑部郎中康熙五十八年任
十年以後歸併江蘇巡撫帶管委員臨收
吳黑 內務府員外康熙五十年任
伍碩色 內務府員外康熙五十二年任
薩哈查 內務府員外康熙五十五年任
常在 內務府主事康熙五十七年任
劉保柱 內務府員外康熙五十九年任六

布政使典制

布政使衙署回廊

布政使。乾隆二十五年（1760），清廷“以江宁钱谷务剧，增置布政使一人，析江、淮、扬、徐、通、海六府、州隶之；苏、松、常、镇、太五府仍隶苏州布政使”。此即清代江宁布政使设置的由来。同时，因安徽布政使寄驻不便，故将其驻地由江宁移到安徽省会安庆。至此，清代江苏独有的一省两布政使格局成形，这反映了江南地区物产丰饶，在清代政治经济中占有举足轻重的战略意义。

瞻园作为布政使衙署的200多年间，先后有147任布政使在此为官施政，其中又产生了60多位巡抚、40多位总督及尚书、4位钦差大臣和4位大学士及1名军机大臣。他们中间：有开引河、兴水利、官至文华殿大

布政使衙署文物史料展中堂

末代江宁布政使李瑞清

学士兼吏部尚书、漕运总督的高晋；有以虎门销烟而家喻户晓、历任湖广总督和云贵总督并两授钦差大臣的林则徐；有清白自持、廉洁自律，获康熙亲笔题匾“天下第一清官”的施世纶；有勤勉政事、关注民生、屡陈救济民食诸疏的晏斯盛；有奉公守法的良吏，如为政识大体、顾大局、行事多替百姓着想的李尧栋；有知人善任、折狱平允、有“魏青

明志楼

天”之称的魏定国；有文名政声齐著的儒官，如善书法、能诗文并因乡试、殿试、会试皆获榜首而世称“三元”的陈继昌；有守节不屈、拒绝与英法联军议和，被俘后“耻食敌粟”绝食而亡的叶名琛；亦有奉旨无状、频遭物议之辈，如私订《穿鼻草约》割让香港在先、镇压太平天国农民起义于后的琦善等。

第四节　乾隆驻跸

瞻园罗尔纲史学馆西侧园门上方有一组“瞻园”二字的书法石刻，这是清高宗乾隆皇帝驻跸斯园时御笔亲书。

乾隆皇帝曾于乾隆十六年(1751)、乾隆二十二年(1757)、乾隆二十七年(1762)、乾隆三十年(1765)、乾隆四十五年(1780)和乾隆四十九年(1784)六次巡幸江南，历时33年。当他在75岁高龄回顾50年的执政功绩时，曾说其一生“凡举二大事，一曰西师，一曰南巡”。意思是南巡是他一生中除西北用兵之外最值得夸耀的大事。

乾隆皇帝六次南巡均选在初春之际离京，暮春之前回銮。看似为躲避北方的天寒地冻，享受江南的湖光山色名胜美景，实际则是此时便于沿途察访吏治民情、检阅驻军、笼络民心，往返途中视察各地河工和浙江海塘治水工程，并于江南梅雨季节之前，勘查水涝之地的堤防工程和沿海海塘工程。不但如此，乾隆皇帝还遵清朝管理，命宫廷画家将每次南巡都绘制成图，留存于今的清宫画师徐扬《乾隆南巡图》就是这一史事的画作记录。

乾隆皇帝的六次南巡中，每次都要到江宁府（今南京）巡视。乾隆二十年（1755）起，时任安徽巡抚的托庸开始在瞻园大兴土木、精心整饬，迎接乾隆皇帝的御驾亲临。乾隆二十二年（1757），清高宗二次南巡时即驻跸斯园。饱览了江南秀美湖山景致的乾隆，依旧醉心于瞻园的美景，“忆昔游建康，瞻园爱其景，归来爰肖之，信如卷阿境”。回京后他命内务府仿瞻园形制，在京城圆明园中长春园的东南角修筑了如园。乾隆还为此作有吟咏诗篇，《寄题瞻

园》："瞻园遗自中山王，甚至金陵曾一观。取义如之较胜此，无须池馆重盘桓。"这首诗意为：瞻园是前朝中山王徐达家族的遗产，曾是金陵城的一大名胜。我在圆明园中建造如园，取可与瞻园风光一比高下之意，从此我就不必亲临江南也能乐游园林好风光。

关于这一盛事，由曾在瞻园任安徽布政使的高晋等在乾隆三十六年（1771）编纂的《南巡盛典》记载道："乾隆二十二年乾隆帝赐藩署斋匾'瞻园'。"道光朝任江宁布政使的成世瑄也曾记录："高宗南巡憩跸，御书瞻园二字，以赐园之名，始与宸翰并永焉。"大约就在此前后，瞻园名声日隆，与苏州拙政园、留园及无锡寄畅园、上海豫园并列为江南五大名园。

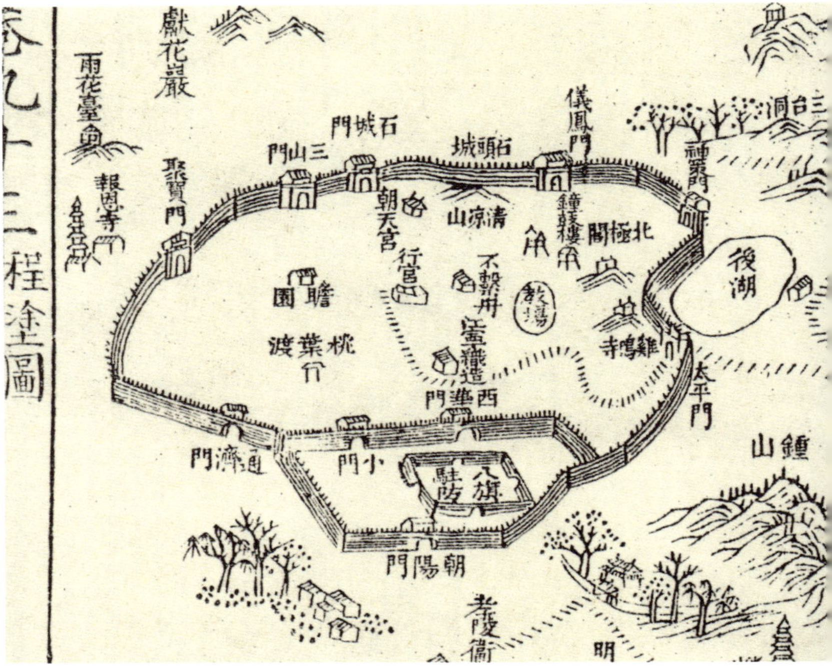

《南巡盛典》中的瞻园位置图

然而，如园建成不到百年时间，就因为英法联军入侵北京，火烧圆明园而灰飞烟灭。曾经的雕梁画栋在王朝积弱衰败的兵燹中成为断壁残垣，消失在历史的长河中。而位于南京的瞻园则保留至今，山石秀丽，风景如旧。乾隆御笔书写的“瞻园”，南北二京园林的奇妙结缘，也使世间多了一个怀古之所，任由后人凭吊述说。

船舫内侧

第五节　太平兴衰

清咸丰三年二月初十（1853 年 3 月 19 日），顺江东下、气势如虹的太平军轰塌南京城北静海寺附近城墙二丈余，攻入城内。后经激战，于次日完全控制整个南京。不久，太平天国改南京为天京，定都于此，正式建立起与清朝分庭抗礼的割据政权。太平天国时期，瞻园先后成为东王杨秀清短暂的居住所、夏官副丞相赖汉英衙署及幼西王萧有和的王府。

东王杨秀清在瞻园里只待了 3 天便匆匆离开，传说是在衙署中受到“金甲神”的惊扰，居住不得安宁，于是杨秀清搬到南京城东八旗驻防城内的清江宁将军衙门（今明故宫附近）。但这里距离朝阳门（今中山门）外清军江南大营很近，战火纷扰，“大营炮子辄落瓦上”，也难为安居之所。于是东王再次迁居，最终选址在汉西门内曾为山东盐运使何其兴的宅院，在这里“穷极工巧，骋心悦目，以耀目同侪”。然而几年后，在太平天国丙辰六年（1856）夏秋之际爆发的天京事变中东王府化为灰烬，瞻园成了东王杨秀清在南京居住过尚能确指的唯一居所。

赖汉英在瞻园住过的这段历史，源于文献记载“夏官副丞相赖汉英住布政使司署”。赖汉英是天王洪秀全妻弟，人称赖国舅。他虽出身贫寒，却通文史、晓医理。自太平天国金田起义始，赖汉英从一个小小的将领做起，在战场上逐渐成长可以独自统领军队的高级指挥员。攻克天京后，赖汉英广发布告宣传太平军的政策，这一抚绥安民的做法深得洪秀全的赏识，论功升授夏官副丞相。

东王杨秀清像

太平天国天朝宫殿模型

幼西王萧有和是西王萧朝贵的遗子。萧朝贵于1852年在长沙城外牺牲后，其妻杨宣娇带着儿子萧有和跟随东王杨秀清行动。东王杨秀清离开瞻园后，西王一家便定居于此。杨宣娇，亦名洪宣娇，被天王洪秀全认作义妹，与东王杨秀清关系密切，后嫁给萧朝贵。杨宣娇在太平天国的创建和发展中起了非常重要的作用，在女会众中影响很大，是一位充满传奇色彩的女性。萧朝贵英年战死后，天王和东王念及旧勋，不仅给萧朝贵追加官爵，还让萧有和承袭西王爵位，并颁赐府邸。史料记载“西王萧朝贵，久经殄灭，今仍列其宪，属亦有府”。另一条史料亦云“西王萧朝贵已前死……天王笃念勋旧，为置府如制”，因而幼西王王

兰台

花篮厅内景

府规模按照王一级别建造，“西王府门画一龙一凤，与东王同”。由于幼西王年纪尚小，母子俩实权不如其他首义诸王，没有大小官员来此议政，府衙门前冷落车马稀疏。但到太平天国后期，幼西王最得天王信任，当时洪秀全口谕：天国政事由“幼西王出令，有不遵幼西王令者，合朝诛之”。随着同治三年（1864）天京陷落，太平天国运动失败，幼西王府曾经的辉煌也消失在了历史长河中。

1983 年，瞻园维修南大门门厅时，右边大门左扇门板旧底发现隐约可见的曲折线条，犹如龙身，与文献中“西王府门画一龙一凤”吻合。且龙的线条只在左扇门上，右扇门却不见此图案，古代以左为尊，恰是龙形图案的位置。

第六节　同光春秋

同治三年六月十六日（1864 年 7 月 19 日）曾国荃部湘军攻入天京，屠城 7 天，南京城的建筑古迹在战火中毁坏殆尽，“兵火之余，瓦砾遍地”。瞻园作为曾经的太平天国王府，也难逃厄运，时人论曰“乱后久淤塞，微风不复升波澜”。盛时的瞻园，山石玲珑、池沼幽深，而经历了战乱后，园中池塘淤泥堵塞，微风吹过也带不起涟漪，破败凄凉，令人唏嘘。

从同治四年（1865）至清末，瞻园重新成为清江宁布

赖汉英故居

政使衙署。清代官场素有“民非政不治，政非官不举，官非署不立”的讲究，衙署建筑是统治权威的象征，这就为重修瞻园提供了不错的政治便利，于是在同治四年(1865)至光绪二十九年(1903)三任布政使对破败的瞻园进行修葺。

20世纪在瞻园内发现了两块石碑，分别是同治八年(1869)李宗羲《江宁布政使署重建记》和光绪三十年(1904)黄建筦《瞻园记》，岩石无语、历史有言，此二碑分别记录了上述两次重修的相关情况，目前碑刻保存在瞻园碑廊中。

李宗羲曾是曾国藩的幕僚，同治四年(1865)八月由安徽按察使调任江宁布政使。经署两江总督李鸿章批准，李宗羲在旧址重建官衙。维修工程分为两期：一期整修布政使衙署，二期修葺瞻园园林。晚清内忧外患、国力衰微，这次重修本着“务求浑坚，禁绝雕饰”的原则，不似徐氏魏国公那样搜集奇珍异木、打造“巨丽”景致，而是求简务实。重修之后的衙署部分有五进院落，建筑主体“表里完固，观瞻肃然”，房舍不仅质量坚固，还具有政治上的威严肃穆感，显然李宗羲比较满意这次的“简装”。同时，衙舍里的“治事之所，燕私之居”也都初具规模，兼有行政办公和饮食起居的双重功能。此外，各级僚属“察吏各守其职，府吏咸有所栖”，手下能井井有条地工作，布政使衙署基本恢复了往昔的安稳。

同治七年（1868），清廷最终将捻军起义镇压下去，大规模的社会动荡逐渐结束，江南地区开始恢复往日生机，官府财政有所改善。李宗羲遂对“水石之旧”的瞻园园林进行修缮，在园中建水榭

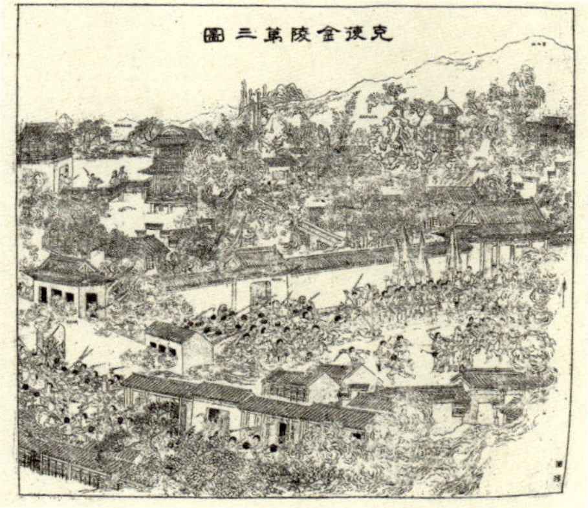

火烧天王府

北园曲廊

亭台，瞻园中现存“静妙堂”就是李宗羲重建后命名的。

同治八年（1869）李宗羲升任山西巡抚，广东按察使梅启照接任江宁布政使，继续在瞻园营建修缮。这次修葺较为全面和考究，时间长达8年之久，先后构筑了垂花门、走廊、六角亭、月台、石桥和驳岸等，使得瞻园“纵未能尽复旧观，而胜迹犹赖以存”。

光绪二十九年（1903），黄建筦署理江宁布政使后，再次维修瞻园，这也是清代最后一次修缮瞻园。过程中“补栽修竹，复其亭曰‘绿墅’”，并于西隅山坡辟一草榭曰“迎翠”，增加优化了瞻园的植被绿化，使得木石交错，掩映生辉。

曲廊

瞻园碑廊

静妙堂一隅

经过晚清 3 次大规模修葺，瞻园“深林峭石，四望宜人”，所谓草木苍翠，山石峻峭，环顾四周，景色宜人。直至今日，瞻园的基本格局大体都源自同治、光绪年间的重修。

第七节 辛亥革命后的激荡风云

1911 年 10 月，武昌起义爆发，次年清帝逊位，瞻园在风云诡谲的民国时期迎来一批新的主人。

辛亥鼎革后，瞻园由清江宁布政使衙署成为江苏省级行政公署，先后经历了江苏省行政公署（1912.12—1914.5）、江苏省巡按使公署（1914.5—1916.7）、江苏省省长公署（1916.7—1927.4）、江苏省政府（1927.4—1929.2）的更迭，应德闳、韩国钧、齐耀琳、王瑚、郑谦、陈陶遗、徐鼎康、钮永建等八人曾在此就任民政长、巡按使，后统称省长。由是，瞻园成为民国早期江苏政界风云变幻的历史见证。

军阀混战，时局动荡下的瞻园亦命运多舛，园内许多珍石奇峰散落民间，池沼卉木也破败荒芜。1921 年，近代书画家何宾笙路过瞻园，留诗咏怀“六朝如梦鸟啼花，况复中山魏国家。今日瞻园吊遗迹，只余残石数堆斜”。感叹六朝风云已如往日梦境，鸟啼花开空有国恨，历史如过眼云烟，何况中山王魏国公徐家。今日到瞻园一览，只

黄建筦重修瞻园碑记

能凭吊残存的遗迹，不复往昔的辉煌与绮丽，园中只存有堆堆残破的乱石。画家本就擅长对具体事物的捕捉，加上流畅的文字运用，寥寥数言，一个冷冷清清、破旧不堪的园子就跃然于纸上，伤感之情溢于言表。

民国时期亦有诸多政客文人曾涉足瞻园。江苏省省长齐耀琳、国民党江苏支部长陈陶遗等尤喜在瞻园设宴款待各方来宾，屡屡见诸报端。1921—1923 年出任江苏省省长的王瑚则一改前任奢靡之风，勤俭务实，致力于江苏省之古迹遗址保护。南京国民政府初期的江苏省省主席钮永建在瞻园办公期间，与同为辛亥元老的叶楚伧邀来吴江名人、曾任孙中山秘书的陈去病经营江苏革命博物馆，一时之间名流云集，俨然为南社成员又一聚集地，柳亚子、徐自华、刘三等人在此留下了诸多唱和之作。

1927 年至 1931 年间，瞻园内成立江苏革命博物馆。因馆址曾经用作太平天国王府，江苏革命博物馆资料征集、革命精神宣传的重点之一就是宣扬太平天国时期的革命事迹。民国时期，博物馆作为文化界的新生事物，经历了从萌芽发轫到开枝散叶的重要发展阶段。后因馆长陈去病辞职离宁，江苏革

民国时期国民政府内政部大门

汪伪时期瞻园为水利委员会所在地

命博物馆也中断了业务工作。

此后瞻园改为内政部办公场所，同时作为统治机关的特工总部、中统局、首都警备司令部等也陆续入驻瞻园或周边地区。中统特务组织的前身是国民党中央组织部的党务调查科，1932 年为扩大特务组织，并在南京大功坊道署街瞻园内成立特工总部。此后，特工总部一直以瞻园作为其活动大本营，直到 1937 年 7 月全面抗日战争爆发，特工总部才匆忙撤离瞻园。

抗战时期国民政府各机构西迁重庆，瞻园被汪伪水利委员会所占据。由于连年战乱，作为江南五大名园的瞻园早已破败不堪。1939 年至 1941 年期间，大汉奸、汪伪水利委员会委员长杨寿楣对瞻园进行了部分整修，虽显系粉饰太平之举，但多少对古迹保护有所助益。继任汪伪水利委员会委员长、大汉奸诸青来还延请胡祥翰等编有《瞻园志》以记之，附庸风雅，岸然道貌。1943 年汪伪水利委员会迁出瞻园。1945 年抗战胜利后，国民党当局还都南京，内政部办公场所又迁回瞻园旧址。1949 年 4 月 23 日，南京终获解放，古老的瞻园迎来了崭新的曙光。

1911—1949 年间的瞻园，风云变幻、光怪陆离，名宦雅士、政客爪牙相继纷至沓来、粉墨登场，着实令人目不暇接。

第八节　新中国礼聘刘敦桢重修瞻园

瞻园作为南京地区现存的两座明清古典园林之一，在历史上久负盛名。20 世纪 50 年代，有鉴于瞻园一代名筑的重要历史地位，南京市政府决定予以“起废兴坠”，并特邀古建园林专家刘敦桢教授主持。1958—1966 年，刘敦桢应邀主持了瞻园一期整修与扩建工程。南京瞻园整修工程是刘敦桢将

刘敦桢与家人合影

古典园林理论应用于造园实践的一次经典之作，是对传统园林继承与创新的典范。

刘敦桢（1897—1968），字士能，号大壮室主人，是我国杰出的建筑史学家、建筑学家和建筑教育家，一生致力于中国传统建筑与古代园林研究，为中国建筑教育及中国古建筑研究的开拓者之一。在继承与革新的原则下，他精心设计了瞻园整修扩建计划，倾注了其研究古典园林的心得与才华。这一总结性的实践工程，既成就了瞻园南假山的传世之作，又体现了再建瞻园的重要构思与设计，更为今后整修中国古典园林增添了一个成功的案例，堪为后世珍贵纪念之经典。

20世纪40年代的瞻园薇亭

1958年3月，刘敦桢先生偕同张仲一、朱鸣泉等测绘了瞻园现有平面、剖面图（其范围大致为今瞻园南北假山之间区域）。经勘察发现，瞻园为自然式山水园，南北狭长，以石取胜，池水相辅，建筑点缀，主体建筑静妙堂将园林分为南北两部。全园制高点位于西假山扇亭，山水桥景与东侧长廊遥遥相对，构成不对称之均衡，为明代园林布局常见手法。园内有南、北二池，北池有天然泉眼，南池为水出口，二池间有阴沟相通，水面相差 80 厘米。冬季枯水期，由瀑布水位高低调节，故北池无干涸之虞。南池呈扇形，以虎皮石砌筑驳岸，规整生硬，显系今人所为。其余建筑如静妙堂、长廊等亦大抵为清末民国之物，不是体形过大就是僵直高瘦，均有违传统园林旨趣。南部园区则瓦砾遍地，棚屋乱搭，亟待清理。园林四周更是高大楼宇环立，严重破坏景观视野。

当年 10 月，刘敦桢先生主持完成了《南京瞻园设计专题研究工作大纲》。提出“除充分利用存留至今的明、清山水骨架，并灵活应用我国传统的造园理论和手法，对该园进行旨在‘起废兴坠’的规划设计”。

20 世纪 50 年代的瞻园假山与长廊

一期工程主要内容有：于东南角新设入口，门内按江南园

20 世纪 60 年代瞻园维修现场

林风格建小院三重（今瞻园西南门内迎翠轩、花篮厅等处），复以不同植物主题划分区块，缓冲游人入园视线，起到先抑后扬、曲径通幽的效果；改造静妙堂建筑，包括调整地面高度，形成明显内外界限，方砖铺地，避免返潮、青苔滋生，修改水榭规制，优化建筑比例，增加亲水性；将东侧走廊（今瞻园西长廊）改直为曲，并在中段以东浚修一水院，以曲廊、亭阁环抱（今瞻园延辉亭、碑亭），北面与展厅相沟通；贯通全园水面，将原有连接南北两池的阴沟开辟整修为西涧，并把南池改为自然式水池，所有岸线按收放自如之要求加以调整，并用湖石叠砌，师法自然；在南池以南新筑假山（今瞻园南假山），并对北假山进行修葺。同时在北假山后西、北二面，种植高大的植物数株，以隔绝园外之楼房，构成园中较幽邃的环境。其中，瞻园南假山是刘敦桢留给后世的极其珍贵的纪念品，至今在国内新叠造的假山之中，无一能与之媲美，可谓经

北假山石矶

静妙堂

久不衰的传世佳作。

第九节 “东进北扩”重现瞻园历史风貌

1982 年 3 月，瞻园被列为江苏省文物保护单位。1983 年 6 月，时任全国人大常委会副委员长彭冲同志再度到瞻园视察，积极推动自 20 世纪 60 年代后期以来陷于停滞的瞻园二期工程项目。二期工程继续以刘敦桢先生设计图纸为蓝本，由叶菊华总工程师任总设计和监造。

刘敦桢先生在二期设计中曾指出：“二期方案在实施上的困难更大，因该地形地貌已完全改变，且无任何文史及实物线索可循，因此只能选择我国传统园林设计中的若干手法，结合当前社会对园林建设的新要求，在创造社会主义新园林和实现‘古为今用’方面努力进行一些探索，并希望通过实践能得到大家的认同。”为此，先生提出规划原则为：“一是尽可能减少建筑在园林中所占的面积；二是最大限度扩展游人的户外活动空间；三是为了在不同气候条件下都能参观游览，将各观赏点联以走廊或其他建筑。”

此次扩建历时两年，瞻园内新增三个景区：籁爽风清堂为主体的南部建筑景区，与盈翠轩、海棠阁和大小庭院相呼应，自成一处幽静。中部景区开辟一片空敞的绿坪，种植月季、蔷薇、樱花、海棠、桂花等花木，与曲廊、叠落廊相得益彰，一年四季花木郁郁葱葱、美不胜收。草坪北侧搭建翼然亭，该亭本系园中旧迹，依据历史记载复原。翼然亭角起翘，恰似燕雀悠然自得展翅飞翔，登亭远眺园中景致尽收眼底，是东瞻园最佳观景点。北部景点一览阁、木香廊、延晖亭、碑亭环水而建，池沼曲水藏源，太湖石峡石林立，形成一处赏心悦目的水院，四季景色宜人，构成幽静和深邃的美景。扩建后的园区，面积增加了一倍多，修建楼台 13 间，建筑面积达 2882 平方米。瞻园古十八景得以恢复十之七八，重现了昔日风采。

2006 年 6 月，瞻园被国务院公布为第六批全国重点文物保护单位。在南京市政府领导推动下，2007—2009 年太平天国历史博物馆又开展了部分恢复瞻园历史风貌工程，向北扩充瞻园的范围。北扩部分占地 7800 平方米，

桂花苑

南假山

延续瞻园原有布局特征，仍然以山水为骨架，将老园水系引入新园，在园林中部设置较大水面。所有建筑均环绕水池布置，园林划分为东西两景区，东部为主景区，西部为次景区。周边穿过曲廊、亭、榭、楼、舫等设置若干小庭院，以增加主次空间对比、景区层次及丰富园景。为了将南北两园连通，在南园北垣墙设置了两个出入口，西称“薇亭”，东称“临风轩”，皆与北园南侧曲廊相接。

瞻园北扩部分秉承了瞻园“以石胜”的特色，2008年前后，太平天国历史博物馆派人多次奔赴安徽广德、江苏宜兴、浙江长兴等地遍访名石。碧荷池的南北两侧叠石造山，分别为千壑峰和佛掌峰。千壑峰没有经过任何的人工雕琢和拼接，体态完整、造型奇特。佛掌峰上设有水槽，层层跌落流泉飞瀑，沿山体而下，淙淙泠泠，天籁之声不绝。景徐堂门前有一名石，曰“雪浪石”，石上刻有“雪浪石东坡居士书”。据《说石》记载，苏东坡酷爱收藏名石，在河北定州“于中山后圃得黑白石脉”，用“大盆以盛之，激水其上，石间奔浪，尽水之变”，故称“雪浪石”。

从刘敦桢先生“起废兴坠”，到叶菊华总工师承衣钵，经过三次整修的瞻园，堂宇阔深、园沼秀异、山瘦水幽、湖石奇秀，重塑了南京园林的文化特色，无愧于“金陵第一园”的盛誉。

一览阁及院落

曲桥全景

环碧山房

静妙堂陈设内景

第二章

园林篇

第一节 瞻园布局

中国古典园林，兴于商周，原为帝王独享，至西汉时始有私家园林。南北朝后，园林转向自然山水化，经唐宋蓬勃发展，至明清达到鼎盛，形成了独特风格，追求“虽有人作，宛自天开”。在世界园林中有其独特的风格和高度的艺术造诣，而江南园林更荟萃了我国园林的菁华。

瞻园现为太平天国历史博物馆（以下简称太博馆）所在地，其四界南临瞻园路，北至教敷营，东抵教敷巷，西邻中华路，处于夫子庙秦淮风光带的核心区域，南北长173米，东西宽145米，全园面积约24500平方米，其中建筑面积9600平方米，园林绿化面积15500平方米。作为古金陵园林的典型代表，瞻园在造园布局上亦充分体现了“寄情山水，得大自在”为最高境界的意趣。全园以石取胜，山为主、水为辅，建筑点缀其间，景观逐渐向纵深展开。

瞻园的布局分东西两大区域。

东部的古建筑大殿为太博馆的历史陈列展厅，今天瞻园主出入口南大门，亦位于瞻园的东南隅。其左右两侧各立一狮子石雕，这对石狮子具有明显的明代风格，历经数百年风雨沧桑，仿佛在向人们诉说瞻园的悠久历史。仰头望去，高阔的红色大门上镶嵌着一排排金色的浮沤钉，七纵七横的数列彰显着仅次于皇家苑囿的王府气派。大门正上方显赫处高挂乾隆帝于 1757 年二次南巡时御题的“瞻园”匾额，据说取自北宋著名政治家、文学家欧阳修的诗句“瞻望玉堂，如在天上”。

从南大门入园后，穿过仪门和甬道即进入到太平天国历史陈列展厅（以下简称太史展），太史展分布于三进大殿中，大殿之后依次有延安殿（现为“明中山王徐达文物

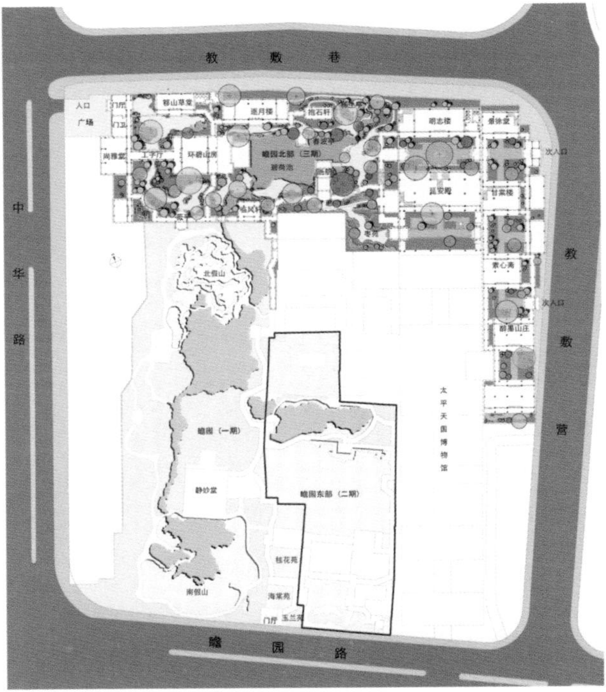

平面布局

史料展”）和明志楼（现为“清江宁布政使衙署文物史料展”）。此外，瞻园最东侧紧挨着这五进古建还筑有醉墨山房、素心斋（罗尔纲与太平天国历史博物馆展）、甘棠楼、景徐堂及部分厢房，这些古建筑、厢房及周围绿地共同构成了瞻园的东部。

瞻园西部为园林，又可分为南园和北园两大景区。

20 世纪 50 年代刘敦桢先生整修瞻园时，曾在今天瞻园的南墙中部专门设计新建了一组三进的园林入口。用以收敛游客的视野和尺度感，使游人入园后有一缓冲，不能立刻得以窥见全园面貌。诚如童寯先生在《江南园林志》中指出：“园之妙处，在虚实互映，大小对比，高下相称。”

踏入小院后，经九曲回廊将游人引入西北方向，穿过玉兰院、海棠院，至爽轩，到达桂花院的花篮厅西侧半亭，景观空间逐渐加大，几经转折，方得见南假山水榭和静妙堂全貌，充分体现了江南园林“欲扬先抑”的特点。长廊在瞻园中起到了非常重要的串联作用，各小轩、庭院以单元的形式在长廊上分布。静妙堂是瞻园南园的主体建筑，东部则是以草坪绿地为主的盆景园，相对比较开阔。南假山设有瀑布和水面，有溪谷造型的西涧沟通南北，构成了南北相互呼应的两大水面。同时在东南西北四个方向点缀以一览阁、延晖亭、籁爽风清堂、花篮厅、海棠院、扇亭、薇亭、观鱼亭等建筑，以蜿蜒曲轩榭、亭子、长长的曲廊与几重叠落廊结合，沿水面、经坡地，蜿蜒前行，自最南面海棠院起，向北一直延伸至北园，贯穿南北空间，使得观景序列层次渐进、有序组织。

陡峭雄峙的北假山，蜿蜒如龙的西假山，巍峨雄浑的南假山，各具风姿，构成了瞻园的主景，真可谓“叠叠奇石尽含千古秀，池池碧水犹藏万年春”。北假山以体态多变的太湖石堆成，保留了明代“一卷代山，一勺代水”的叠石掇山技法。临水石矶为明代遗存，面积大且分为上下两层，高低错落。其景面构图，叠石技巧，堪称一绝。环山设蹬道，山谷架旱桥，山中藏洞壑，山顶有平台。西假山位于瞻园的西侧，以土为阜，湖石驳岸，石头犹如从土中长出，漫山竹木，苍翠欲滴，游人涉足探幽，别有一番情趣。在西假山最高处，有一形如折扇的“扇亭”。这是一座奇妙的铜亭，亭内生炭火，寒冬腊月，亭中却温暖如春，丝毫感觉不到寒意，这在中国园林中是独一无二的。南假山由危崖、溶洞、蹬道、石矶、布石、水洞、瀑布组合而成，主次分明，虚实得体，开合精当，千变万化，新意层出，堪称中国当代园林艺术的经典之作，也是刘敦桢教授多年悉心筹划的传世珍品。宋代画家郭熙云：“春山淡冶而如笑，夏山苍翠而如滴，秋山明净而如妆，冬山惨淡而如睡。”而瞻园这三组山石，恰如南山“如笑”宜游，西山“如滴”宜看，北山“如妆”宜登。“石令人古，水

瞻园东部的草坪

令人远。”瞻园理水以聚为主，再辅以分。以小桥、步石等划分为相互连通、大小不同的水面。北池水面开阔宁静，南池水面小而幽静，南北池之间以细小的溪流相连，使人产生一种深邃藏幽的感觉。“山得水而活，得草木而茂。”瞻园的植物配置讲究以少胜多、寓意造景。生机盎然的梧桐、鲜翠欲滴的绿竹、苍劲挺拔的黑松、高大繁茂的女贞、摇曳生姿的芭蕉、繁花似锦的海棠、浓香远溢的桂花、娇艳醉人的红枫，随着季节变化，呈现出四时不同的风景。

北园则以水为主，假山为辅。北园水池——碧荷池位于北园的中心，它呈狭长形，东西向长，南北向窄，建筑物、亭榭、回廊都围绕在碧荷池四周布置：沿碧荷池北侧，自西向东依次建有移山草堂、逐月楼、春波亭、抱石轩、梯生亭、佛掌峰；碧荷池南侧，自西向东依次有临风轩、船坊；碧荷池西侧建有尚雅、环碧山房；碧荷池东侧则和延安殿、明志楼以长廊过渡衔接。围绕碧荷池为中心，建筑分布四周的布局使北园形成了一个相对独立、宁静且富有变化的空间环境。北园在临中华路的西侧和临教敷巷的东侧各开一门，分别为西门和东门。

南园和北园之间以长廊自然衔接，浑然一体，若非特别说明，游客身临其中感受不到南园和北园的建筑在建成年代上相差了50余年之久。

第二节　叠山置石

传统古典园林，基本功能是起居栖止，体现的是主人的生活意趣，是中国居住文化的结晶。通过整体的艺术构思规划并通过艺术的手段和工程技术完成，因而创造出来的自然环境是具有审美意义的。

园林技艺中堆土石垒成山，称叠山。叠山是古典园林修造中必不可少的手法，上至帝王御苑，下至私家园宅，概莫能外。以石叠山最早可见于北朝时期，北朝史书《魏书》记载了北朝张伦造景阳山一事：

园林山池之美诸王莫及，伦造景阳山有若自然。其中重岩复岭，嵚崟相属；深蹊洞壑，逦递连接。高林巨树，足使日月蔽亏；悬葛垂萝，能令风烟出入。崎岖石路，似壅而通，峥嵘涧道，盘行复直。是以山情野性之士，游以忘归。

景阳山的建造标志着造园从自然山水进入城市，以人工山水为创作主题。这一时期山石已成为独立的观赏对象，庭院置石已被用于园林营造中。到了宋代，因宋徽宗喜欢山石，假山奇石空前兴盛起来，私家园林叠山成风。至明代时，假山堆叠技艺已发展成熟，叠山从早期的单纯模仿自然发展到高度概括自然、创造美感。清代以后，园林中的叠山造园臻于鼎盛。

瞻园是明代园林叠山的鼎盛之作，民国《新京备乘》中介绍瞻园“以石胜”，就是指瞻园的名山、名石闻名遐迩。明代文学家王世贞在《游金陵诸园记》内记述西圃道：“有峰峦百叠，如虬攫猊饮”“叠石为山，高可以眺群岭”“征石于洞庭、武康、玉山；征材于蜀，征卉木于吴会，而后有此观。”瞻园的石多取自江南太湖洞庭湖石、浙江武康黄石、昆山玉峰昆石。石材选材精良，叠山技艺精湛，两相结合，瞻园山瘦水秀的宜人景致得以充分彰显。

1. 南假山

如果说刘敦桢先生主持的瞻园整修工程，堪称中华人民共和国成立后对古典园林整修的一部典范作品，那堆叠南假山则可算是这部作品里最精彩的章节。

中国园林的修造讲究抒发胸中丘壑，构筑诗情画意，诚如刘敦桢《江南园林志》序：

我国园林，大都出乎文人、画家与匠工之合作，其布局以不对称为根本原则，故厅堂亭榭能与山池树石融为一体，成为世界上自然风景式园林之巨擘。其佳者善于因地制宜、师法自然，并吸取传统绘画与园林手法之优点，自出机杼。创造各种新意境，使游者如观黄公望《富阳江画卷》，佳山妙水，层出不穷，为之悠然神往。

瞻园南池至园墙原有大约10米的距离，为平衡南北两景区的体量，并遮挡园外高层楼宇，刘敦桢先生设计在此新叠假山一座，是为瞻园南假山。

在设计构思时，刘敦桢先生反复参酌了宋元绘画的意蕴，最终将宋代马远峭削挺拔、元代黄公望圆润敦厚的画风成功融汇到南假山的设计中。其设想是山体大抵宽10米、高7米，北面朝向静妙堂一侧为立于南池中的一堵绝壁，为减少压迫感，在绝壁居中处做成溶洞状，并悬挂石钟乳，同时用汀步和石径将南池水面划分为大小两块，形成溪谷景观，力求营造深邃莫测之感。在南面朝向园墙一侧则在保持山石嶙峋的基础上，尽量覆盖土壤，以供栽种植物，培育山林氛围。

1961年，由承担瞻园绿化施工的南京市园林管理处园林专家朱有玠先生推荐该局工程队的王奇峰师傅承担南假山的具体施工作业。王师傅经验丰富、勤奋好学，并通过临摹《芥子园画谱》培养了一定的美术功底，刘敦桢先生在与他交谈考察后，欣然同意由他承担该项工作。

工作的第一步，即是制作模型。这不仅需要设计师和施工员的充分交流，也需要恰当的建模材料。适逢天时，玄武湖正在清淤疏浚，从湖底捞出不少与湖石类似的黄泥色小石头，非常适合用来制作假山模型。这是一次重要的彩排，有了建模，施工者才能直观地了解南假山的设计要素，并能较为精准地把握相关尺寸和形态。设计者亦可通过模型，适时调整方案，确保落实。正如刘敦桢先生反复向助手们强调的："假山既是艺术品，也可说是雕塑品，要画设计图，还要做模型。"

在正式堆砌过程中，刘敦桢先生更是不顾年逾花甲，经常亲临工地指导，与施工人员共同选择石料，讨论石料的纹理及大小形状，拼接处力求自然舒展，还特别关注石料堆砌的朝向，常常将石料吊起旋转观察，择其最优观赏面呈现给游客。有时因为怕施工人员听不清，刘敦桢先生就在助手搀扶下亲自登上摇晃不定、7 米多高的脚手架，直接向王奇峰师傅交代该如何作业，其敬业精神至今述及仍使人肃然起敬。而王奇峰师傅则每每皆能心领神会、精益求精。正如刘敦桢先生在《南京瞻园的整治与修建》中所记："与从事叠山的匠师王奇峰之间的合作也极为良好。"因此当施工完成时，刘敦桢先生正式建议给王奇峰师傅晋升一级，但当时王奇峰已是八级工（最高级），南京市园林管理处为此破格授予其特级工待遇。

瞻园南假山的一丘一壑、一石一木，无不倾注着刘敦桢先生的心血与情怀，确系传世佳作。如今瞻园南假山已经历了 50 多个春秋，越发显露出其挺拔圆润、自然古朴的意蕴，无论是游客还是业内专家，都无不为其巧夺天工的叠石手法而感叹不已！

2. 西假山

"奠一园之体势者，莫如堂；据一园之形胜者，莫如山。"在南假山的西面是瞻园西假山。李渔曾在《闲情偶记》中写道："小山用石，大山用土。"西假山即为横贯南北土多石少的山岗，全园制高点在此岗之巅。将制高点偏于园之一侧的做法是我国传统园林惯用的处理方法，其优点是不觉突兀，又可通观全园景色。

在瞻园一期整治工程中，以石包土的方式加固山体，并使西假山自然地向东过渡，连接至北假山的西端，形成山势连绵起伏的气势。西假山为全园的制高点，站在西假山顶可一览全园景色。西假山一南一北各有一座亭子，南面的亭子位于西假山的最高处，因其扇面造型，被命名为

“扇亭”。据传说，此处原有一铜亭，天冷可生火驱寒，犹如西方的壁炉设置，更因以铜为建筑材料传热、散热效应高，取暖效果更胜一筹。瞻园铜亭应该是中国历史上最早的取暖设备和空调建筑了。如今那旷世之作铜亭早已不知所踪，取而代之是一间砖筑的扇亭，登临此亭，俯瞰瞻园，亭台楼榭，尽收眼底。扇亭虽为扇面造型，却并非夏季纳凉用的，它延续了铜亭的功能，在冬季用来取暖。传闻在扇亭中生火，因亭子体量较小，且西侧为实体墙壁，热气聚集不易散，温暖而舒适。

在扇亭北面不远稍低处还有一座亭子，因亭前栽有松竹梅岁寒三友，因此而得名“岁寒亭”。岁寒亭也并非冬季避寒用的，而是夏季纳凉用的，因其体量较大，四面空旷，无所遮挡，夏季无论坐在亭内的哪一侧皆可吹到徐徐凉风。两座亭子之间的对比颇有意思。

西假山种有梅花，梅花盛开于极寒，苍劲古拙、经霜傲雪、冰清玉洁、香气四溢，每逢冬季梅花盛开时，便形成了“梅花坞”之景。梅花内蕴春的希望，遒劲的黑色躯干屹立于皑皑白雪之中，显示了梅花在逆境中的抗争之姿，君子以梅自比高洁而坚强的品格。早在明代开国功臣徐达建瞻园时，西假山即成为植梅的胜境，漫山植遍梅花。每逢花开之际，落英缤纷，宛如积雪，香逸数里。到了清代，“梅花坞”依然存在，为瞻园十八景之一。清代文学家吴敬梓在《儒林外史》第五十三回中，对徐达十一世孙徐咏邀其表兄陈木南于铜亭赏梅一事做了绘声绘色的描写。清代诗人袁枚曾作诗《瞻园十咏》咏“梅花坞”。如今的“梅花坞”位于西假山岁寒亭前，当梅花盛开时，梅花与岁寒亭相映相衬，构成了“岁寒梅古”之景。

3. 北假山

北假山的湖岸石、部分石矶和叠石为明代遗存，具备较多明代叠山特征：北山最高点偏于西南，上有陡峭石壁，石壁上有平台，下有临水四折平桥；山体内有纵深的洞、谷，谷上架桥是明末清初的手法。临水石壁下有两层较大石矶缓缓伸入池中，石矶面积较大，而且分为上下两层，高低错落，似漂浮在水面上一般，生动而自然，石矶与石壁产生强烈对比，在国内传统园林中实属罕见，可谓我国江南一带古典园林中所存石矶之上品，在全国古典园林中亦为唯一孤例，尤为珍贵。

在瞻园一期整修工程中，最大限度地保护了北假山的原真性，仅增高山势、扩宽其面。在北山平台偏西侧新增一座 4.5 米高石屏，石屏由三块巨石竖向拼叠而成，前后错位搭接，中间一块最高，立面中部呈内凹状，形成石屏三叠。石材表面有竖向或略带斜向的天然纹理。石屏背后种植数株女贞，加以衬托，其正面的石缝中生长出了小植物并向下方倾斜，十分自然。石屏与北假山融合一体，起伏自然，并使北假山的高度由原来的5米多增加到近10米，气势凸显。

为扩大北假山的面宽，将原有的临水石矶向东延伸，顺着山势绕至山后。游客可在石矶上走动，围绕北假山环行一圈；也可在石矶上与北水池里的鱼儿亲密接触，享受戏水之乐，“石矶戏水”景点即位于此处。北假山东南侧的石矶上架有一座石桥，连接北假山和南园林的长廊，从北假山进入南园林仅一步之遥，无需绕远。石桥将环绕北

20世纪50年代的瞻园北假山

20 世纪 60 年代重修瞻园北假山

假山的水面划分了一大一小两块区域，既丰富了水面的层次，又平添了游客游玩的趣味性。

北假山东侧山坡上也种植了梅花，北假山西侧沿垣墙种有竹林，此为“梅花坞”和“竹深处”胜景。瞻园以梅花作为主要造景素材，冷香入室，更多幽情。与松、竹、石相配，则诗画意境跃然而生。竹子具有中空有节的特质，常常被文人墨客用以自居，象征自己不屈不挠的气节。唐代诗人王维在《竹里馆》中写道“独坐幽篁里，弹琴复长啸。深林人不知，明月来相照”。幽篁，即指深幽的竹林。竹景所特有的“幽”“隐”“深”等特点，让瞻园的氛围更显清雅静谧，以及园主人“以竹明节”的心境。梅花与周围的松、竹共同构成了一幅“岁寒三友”图。

山石以外，花木植物的配置也是园林修筑的重要部分。瞻园植物配置，继承了我国传统园林的植物配置原则，但改变了苏州古典园林以落叶树为主、常绿树为辅的配置方法，山前多植花草、灌木、藤萝，山后遍植常绿树，使隆冬季节的园林既能保持生机盎然的浓浓绿意，又富有四时之景的色彩变化。同时讲究树形和树姿，没有成排种植，而以丛植和孤植为宜。在厅堂轩馆附近，植以姿态优美、树身高大的乔木，不仅对建筑物起到了一定的陪衬作用，还能取得良好的构图效果。廊间隙地，以几竿修竹、数叶芭蕉，即能构成不同画面。山前多种植花草、灌木、藤萝；山后遍植常绿树，可获得古木参天意境。

第三节　水体架构

中国古典园林除了具有居住的实用功能外，还兼有悦耳悦目、悦心悦意、悦志悦神的审美功能，更有“养移体”的养生和“居移气”的养心功能。从文化层面来讲，宅既是诉诸耳目的器物文化，也是制度文化载体，还涉及深层的精神文化，在世界三大园林体系中独树一帜，具有崇高的国际地位。

《东方园林论》赞美中国园林是源于自然、高于自然，成为高雅的、供人娱乐休息的地方，体现了渊博的文化素养和艺术情操。

水作为重要的造园元素，在古典园林中与山的地位并重。自古以来，古人即以“池亭”“园池”“山池院”来代指园林。山主阳，水主阴；山主刚，水主柔；阴阳调和，刚柔并济；才是古典园林之美所在。倘若只有山而没有水，那么园林也顿显枯蓬断草、黯然失色。

瞻园的水域主要分为三大块,各水域之间以水涧相连，各具特色：一块是围绕南假山的南水池，以“动”为主，瀑布是其主要特色；一块是围绕北假山和西假山的北水池，以“鱼”为主，各色大锦鲤遨游其中；还有一块是位于北园中心区域的碧荷池，以“静”为主，水静犹明。

1. 南水池

南水池位于南假山和静妙堂之间，原为扇形，经刘敦桢先生改造后，扇形水池改为自然式水池，并在水池中东、西各堆叠一矮山，两矮山间以汀步石相连，将南水池分割成一大一小两个水池，其北为“北池”，水面较“南池”略低，增加了层次感，二池既各自独立又在底部有阴沟相通。将水池水引向南侧石山中迸出，再以瀑布形式流向南水池。南假山与瀑布构成了“山麓鸣泉”之景：南假山绝壁顶部有暗泉，泉水涌出与瀑布口相连，瀑布口并与山顶涧道相连，泉水自山巅飞泻而下，水帘垂挂于嶙峋绝壁之前，形成富有层次的三叠瀑布，俨然一幅飞珠溅玉、山明水秀、碧波荡荡的动态水墨画。伴随着瀑布汩汩的水流声，令人看得失神，产生了恍若置身郊外的错觉，全然忘记瞻园所处位置乃闹市区。冬季枯水期，因瀑布水位有高低，可调节南、北二池，不使北池有干涸之虞。

2. 北水池

北水池与南水池以西涧相连，南水池水进入西涧后逐渐收窄，狭长而曲折，流入北水池后再渐渐放宽。西涧的狭长曲折与南、北水池的开阔水面形成了鲜明的对比，这种理水手法充满了诗情画意。北水池将整个北假山三面环绕，其形态随着北假山临水石矶的变化而曲折起伏、富于变化。北假山临水石矶距离东侧长廊最近处架有一座石桥，横跨在西水池上，连接北假山和东侧长廊，北水池也因此被划分为了南北两块水域，南水域开阔，北水域狭窄曲折。

北水池中养有各色锦鲤，大小不一，颜色多样，上下遨游霎时有趣。此外园中还养有黑天鹅一对、鸳鸯两对、乌龟数只。平静如镜的湖面上常常可以看到鸳鸯云淡风轻地游过；黑天鹅拍拍翅膀扇动水面激起一层层波浪，偶尔它们会腾空飞起，在湖面上划出一道美丽的弧线后又在石矶上落下；而乌龟通常在露出水面的一块石头上歇息，或是在浅水区闲庭信步。这些小动物让北水池变得那么生机盎然！来观鱼亭喂喂锦鲤，看鸳鸯、天鹅游来游去，赏心悦目的景色令人心旷神怡，忘却了如流水般逝去的时间。

3. 碧荷池

跨入北园即可看见碧荷池，它位于北园的中心位置，也是三个水池中面积最小的一个。碧荷池是北水池的延伸，它们之间以水涧相连：弯曲的水涧从北园的西南角流入，再渐渐放宽形成碧荷池，延绵到东北角后逐渐收窄，再次形成水涧流入到佛掌峰——也是碧荷池的尽头，在峰前做了一个自然的收尾。两座石板桥分别横跨在西南角和东北角的水涧上，窄窄的石板桥虽不大，却是跨过水涧的必经之路，游人须低头小心通过。变化多端的地形为游览北园增添了野趣。

碧荷池最为平静，仿佛激不起一丝浪花，仔细望去，池中有一群群锦鲤摇头摆尾，只是比北水池中的锦鲤要袖珍很多，只有人的手指长。水面上漂浮着碗莲，这也是碧荷池名字的由来，小小的荷叶为这玲珑的水池增添了丝丝静谧。碧荷池虽不大，但其湖岸线也经过精心设计，它将春波亭、船坊、临风轩等几个北园主要景点衔接起来。湖岸线以太湖石构成，每块石头或高或低、或大或小，经过工匠的用心堆叠，令这个小小的水池虽简单，却不乏味，细细品来别有一番风味。

第四节　瞻园十八景

瞻园鼎盛时，曾有石坡、梅花坞、平台、老树斋、竹深处、木香廊等十八景“具池沼竹木之胜”名噪江南。后经衰败，胜迹已难觅其踪。中华人民共和国成立后，刘敦桢先生重修瞻园，恢复了瞻园昔日容颜，并赋予了瞻园全新的十八景。

1. 海棠佳韵

海棠花花姿潇洒、花开似锦，素有“国艳”“花贵妃”“花中神仙”等美誉。自汉代起，帝王皇家对海棠花尤为钟爱，在皇家园林中常常与牡丹、玉兰、桂花相植配，取“玉棠富贵”之意境。海棠花与帝王皇家的不解之缘也诞生了很多历史典故。北宋的诗论著作《冷斋夜话》记载到唐明皇将海棠花比作杨贵妃：“唐明皇登香亭，召太真妃，于时卯醉未醒，命高力士使侍儿扶掖而至。妃子醉颜残妆，鬓乱钗横，不能再拜。明皇笑曰：‘岂妃子醉，直海棠睡未足耳。’”“海棠睡未足耳”也是“海棠春睡”典故的由来，此后，海棠花就有了美女佳人的意思。除了帝王皇家钟爱海棠花，文人墨客对此更是爱不释手，题颂了多篇关于海棠的诗词佳句。明清时，瞻园内即遍植海棠，清代文

大门

学家袁枚常到瞻园做客，曾作过多首海棠诗：“神女俨成行，萧齐两海棠。吹红风亦软，惊艳鸟先狂。”

海棠院位于瞻园原大门入口处，和玉兰院、桂花院相邻，三小院与门厅、致爽轩和花篮厅组成三重庭院组。海棠院种植有垂丝海棠、西府海棠、铁枝海棠、贴梗海棠和木瓜海棠等，春暖花开之时，一树千花，娇艳动人，美不胜收。

2. 丹桂沉香

桂花树四季常青，枝叶茂密，树形漂亮，繁花点点，香味浓郁。瞻园里多处种植了桂花树，尤以桂花院中两株具有 150 多年历史的金桂和一株银桂最为出名。除桂花院

岁寒梅古

春色满园

仙人峰

外，在新开辟的南大门入口处甬道两边，各有一株百年老桂，一左一右独立一侧，东边的桂花树旁伴有“如意峰”，西边的桂花树旁伴有“吉祥峰”，老桂高大葱郁，像两把巨大的绿伞迎接着游客莅临。每逢仲秋时节，金、银桂绽放，香气扑鼻，沁人心脾，令人不禁停下脚步，流连忘返。

3. 老藤化虬

紫藤是古典园林常见的棚架植物，先花后叶，每当春季花开时，紫花烂漫，紫穗满垂缀以稀疏嫩叶，十分优美，别有一番情趣。唐代诗人李白曾作《紫藤树》诗一首：“紫藤挂云木，花蔓宜阳春。密叶隐歌鸟，香风留美人。”在静妙堂东侧的庭院里，紧挨着静妙堂东面墙壁有一株历经200多年历史的清代紫藤。它盘根错节、遒劲有力，像数条苍劲的虬龙交横绸缪、腾空而起。漫步紫藤花架下，紫花荡漾，一串挨着一串，一片接着一片，深深浅浅的紫色仿佛紫色瀑布般倾泻而下，微风拂过，馥郁芳香，蜂蝶扑面，惬意浓浓。

4. 牡丹仙苑

牡丹花因其国色天香之姿而被誉为“花中之王”，其花型大气、色泽艳丽、雍容华贵，自古以来为无数文人墨客所喜爱。瞻园在清代为江宁布政使衙署，据载，瞻园曾植牡丹数株，诗人袁枚是瞻园的常客，他曾在《元日牡丹诗》中盛赞牡丹：“魏紫姚黄元日开，真花人当假花猜。那知羯鼓催春早，富贵偏从意中来。约束红香冷更艳，飘扬霞佩贺新年。果然不愧花王号，独占春风第一天。”“一样人间金紫贵，占人先处惹人惊。”现在的牡丹台位于瞻园东部、老树斋北面，台内植有数株名贵牡丹，名为“绛纱笼玉”，为牡丹中的上品，已有上百年历史。牡丹旁还遍植杜鹃、芍药、山茶、紫薇、红枫、菖蒲兰等。每至花期，牡丹台如袁枚所说“一自清溪拥绛纱，年年冷处受繁华”。群芳簇拥“花王”，竞相争艳，令人赏心悦目，为瞻园增色不少。

月下灯影

5. 回廊探春

瞻园的回廊蜿蜒曲折，横贯南北东西，将园内的建筑、亭台楼阁等串联起来，即使雨天游园也无须打伞，沿回廊信步而片雨不沾。瞻园的回廊由多种形式的廊组合而成：直廊、曲廊、双面空廊、单面空廊、叠落廊、水廊、连廊等。园中的叠落廊依地形而建，随地势的高低而上下错落，使原本在水平面上的回廊因叠落廊的跌宕起伏而变得立体起来，移步易景，美不胜收。回廊边植有绿植，有芭蕉、柳絮、金银花、连翘、迎春花等，一年四季常绿常青，绕

廊成景，衬映得回廊分外妖娆；回廊之下，奇石林立，草木浓郁葱茏，婀娜多姿的柳条在春风中飘拂，丝丝细柳如同美女的披肩长发飘逸潇洒；一池春水中的瞻园，静谧优雅，倒影如画，令人心旷神怡、流连忘返。

6. 曲桥幽泉

“曲桥幽泉”景点位于瞻园北假山南面，曲桥横跨在北水池水面上，连接北假山与西假山，桥面呈“之”字形，因而得名“曲桥”。曲桥西北角处有一眼泉水，名曰“普

山麓鸣泉

曲桥幽泉

生泉”，为南宋淳熙年间挖掘。普生泉与秦淮河相通，为瞻园池水之源，幽谷古泉，曲桥临波，与千姿百态的北假山融为一体，相映成趣。据民国时期编纂的南京都邑志《新京备乘》记载：“普生泉：泉在瞻园——徐中山园内。清光绪戊午夏，旱甚，秦淮断流，而此井不涸。”普生泉遇大旱灾而不涸，令人称奇。关于普生泉还有一些故事在坊间流传：明朝时期，瞻园是开国功臣、魏国公徐达家族的府邸。徐达的大女儿嫁给了明成祖朱棣。徐皇后去世后，明成祖朱棣又想娶小姨子，也就是徐皇后的亲妹妹徐妙锦为后。然而徐妙锦拒绝了，后投普生泉井自杀，此乃传说之一；又一说在清乾隆年间，瞻园为江宁布政司衙署，一位侍女因不小心掉入普生泉溺亡。由于普生泉井的种种不祥之说流传开来，后来这口井被封死，井栏塞上，同时在井旁立一尊石狮子，以镇压邪气。在抗日战争时期由于战乱，井栏从瞻园流落到了附近的小百花巷。这口井栏现在仍留在小百花巷为人所使用，井水清澈，井栏呈八角形，井栏上镌刻有“普生泉”以及“淳熙丙午邵永坚建”字样，字迹清晰，栏口磨损的痕迹似乎在诉说着它的前尘往事。

7. 方亭锦鳞

方亭指“观鱼亭”，它位于北水池的东侧水岸、占据东区长廊一隅，和西假山的岁寒亭隔水相望。“观鱼亭”

池莲漾碧

顾名思义，是园中赏鱼、喂鱼的最佳地点。它的外形方方正正，南、北、西三面伸入北水池中，人坐在亭中即可获得最佳观赏角度，倘若往水中撒点面包屑、馒头屑，马上会有大量的锦鲤聚集过来，你争我抢，好不热闹。观鱼亭是在瞻园一期整修工程中重新设计并新建的，亭子三面的"美人靠"的设计有别于一般传统做法,它以横线条构成，竖向木构件为受力杆件，美人靠以水平杆件表现，不仅具有古朴感，更易和平静的水面相和谐。观鱼亭从 20 世纪 60 年代初建成至今，已有将近 60 年历史了，美人靠仍然完好无损，可以说是美观和实用的完美结合。

8. 临阁览秀

"一览阁"之名取自唐代诗人杜甫的名句"会当凌绝顶，一览众山小"。一览阁为全园最高建筑，站在一览阁上俯瞰全园景色，可谓草长莺飞、山明水秀、美不胜收！清代诗人袁枚曾登一览阁顶，写下"绝妙瞻园顶，平章颇费心"的诗句。清代宫廷画家袁江曾为瞻园绘制了《瞻园图》，从画中可以看到，当时的一览阁位于北假山上，居于全园最高处，为歇山顶式二层建筑。一览阁上悬挂了"秋霁闲情伴竹叶，春寒有韵守梅花"的楹联，一群文人墨客正在其中悠然雅集。重修后的一览阁已不在北假山上，移到了北水池的东面，也是整个瞻园的居中位置，保留了歇山顶，仍为两层建筑。由于位置极佳，站在一览阁二楼登高远眺，全园美景一览无遗。

9. 翼然亭耸

在瞻园的众多亭子中，翼然亭的造型是最特别的。它位于东区盆景园北面的一高台上，亭子南面两个檐角采用“飞翼”造型，两端高高翘起，好像鸟儿的翅膀一样意欲振翅高飞，这也是“翼然亭”名字的由来。它的北面连接爬山廊，爬山廊从亭的西侧爬升上来，在翼然亭处分两条路向东延伸下去，一路经过翼然亭延伸到碑廊，一路在翼然亭的北面向下延伸，亭和廊之间无缝衔接。站在翼然亭里，往北可见连接南水池和北水池的“水廊”，往南看则是盆景园的大草坪，两边的风景各具特色、十分优美。

10. 碑廊今古

瞻园内有一条独具特色的长廊——碑廊，碑廊长约百米，起始于南边的海棠院，向北蜿蜒至延晖亭，在这里断开后，再向西区延伸，直至碑亭为止，巧妙地将东区古建筑群和西区园林分隔开来。碑廊汇集了自清道光时期至现代的碑文 21 通，其中有 5 通为清代碑文，分别是：道光二十年（1840）江宁布政使成世瑄作《瞻园雅集记》、同治八年（1869）江宁布政使李宗羲作《江宁布政使署重建记》、光绪三十年（1904）江宁布政使黄建笎作《瞻园记》、光绪三十年（1904）湖广总督张之洞作《咏瞻园诗》、光绪三十二年（1906）江宁布政使李佳继昌作《瞻园记》。这些碑文乃是1955年南京市文物保管委员会在清点瞻园文物时发现的，反映了清代瞻园作为江宁布政使衙署的历史与兴衰，弥足珍贵，故此采用碑廊的形式将其长久地保存起来，以供世人观赏。21通碑中绝大多数为横碑，唯独黄建笎的《瞻园记》是竖碑，它被单独嵌于碑亭里，记录了当时瞻园去芜兴废的过程。

除5通清代碑文外，其余16通新碑中有15通为现代书法家亲书的历代文人墨客吟诵瞻园的诗词歌赋，碑文以行、草、隶、楷、篆等字体书写，书体风格迥异，诗文意蕴隽永，其中包括：著名书法家齐枝三书明代文学家王世贞作《游金陵诸园记》，著名书法家顾连郙书清代著名词人朱彝尊作《题瞻园旧雨图》诗二首，著名书法家刘浚川书清代著名词人龚翔麟作《春风袅娜·瞻园春步》词，著名书法家仲贞子书清代著名词人沈皞日作《惜红衣·瞻园春步》词，著名书法家李敦甫书清代诗人陈文述作《徐中山王旧宅》诗，著名书法家魏之桢书清代诗人周宝偀作《瞻园》诗四首，著名书法家戚庆隆书清代文学家姚鼐作《瞻园松石歌为陈东浦方伯作》，著名书法家陶铨书清代

碑廊古今

诗人、江宁布政使樊增祥作《瞻园》诗，以及当代书法家、宋词大师唐圭璋作《浣溪沙·题中山王徐达瞻园》，当代教育家匡亚明作《雨中游瞻园》两首，当代文史大家程千帆作《重修瞻园记》，当代戏剧家吴白匋作《瞻园歌》，当代美学家吴调公作《临江仙》，当代著名历史学家罗尔纲作《新修瞻园记》，当代著名园林专家陈从周作《瞻园碑廊记》……

还有1通新碑为清代宫廷画师袁江所绘《瞻园图》，原作现存于天津博物馆，碑廊上的《瞻园图》为古画新刻，它紧挨着黄建笎的《瞻园记》，是整个碑廊的收官之作。《瞻园图》是对清代瞻园较为写实的一幅界画，展现了全盛时期瞻园的全貌。图中的园林开阔气派，山水分布疏密有致，山石或雨点皴，或鬼脸皴，皆卷曲玲珑。图中的一览阁仍高居全园最高位置，匾额上文字清晰可见，人物身着为满族服饰。刘敦桢先生在重修瞻园时也将《瞻园图》作为他对瞻园设计构思的蓝本，将瞻园原有遗物与新修部分巧妙糅合，重现了瞻园鼎盛时期的风采。

“江山千古事，指点话碑廊”，碑廊和碑亭古朴隽永，增添了园林的典雅氛围和文化内涵。

11. 妙境静观

静妙堂位于瞻园南园的中心位置，也是南园的主体建筑，它坐北朝南，南面紧邻南水池和南假山，北面则是大片的空地，与北假山隔北水池相望。静妙堂始建于明代，初名“止鉴堂”，清同治七年（1868），江宁布政使李宗羲重修瞻园，将“止鉴堂”改为“静妙堂”，取“妙境静观殊有味，良游重继又何年”之意，并为其题写匾额“静妙堂”。20世纪50年代，瞻园已衰败，静妙堂虽保存基本完整，但内外装修粗糙且简陋。60年代刘敦桢先生整修瞻园时，对静妙堂做了两大方面的改造：

一是改造南水榭。他发现静妙堂的南水榭简陋且过高，比例失调，因此将南水榭的屋面下降了60厘米，式样由悬山式改为歇山式，并取消水榭南檐之下的木质披檐。南水榭下部木结构已腐烂，无法维持，将其改造为钢筋混凝土结构，在钢筋混凝土梁板上铺设水磨砖地坪。为了不让钢筋混凝土梁外露，在外侧表面挂水磨砖作为装饰。同时，将水榭的地面比静妙堂内地坪下降14厘米，以此区分内外界线。在水榭临水一侧设木质坐槛及吴王靠。经此改造后，不仅优化了水榭的比例关系，还使其更贴近水面，增加了亲水性。

二是改造静妙堂的窗户。首先在厅之金柱间加设槅扇长窗于明间，两次间设落地罩，其上方夹堂板改为南北通透的横风窗。其次将前后外檐长窗下裙板改为通透的花格加玻璃，成为落地长窗，使得室内外空间流通，景致互动；

东西山墙八角窗也一并细化花格纹样，将原来粗糙且简陋的装修，在原有基础上精细化。这一改造经济实惠，最终恢复了静妙堂原有鸳鸯厅的格局。同时，为解决静妙堂内地面返潮、长青苔的现象，改造了静妙堂室内方砖铺地。

如今的静妙堂不负瞻园主体建筑的厚望，静妙堂南水榭是观赏南假山景观的绝佳位置，“静坐观众妙，得此壮胜迹”，凭栏远眺瀑布飞泻，草木葱郁，临池俯瞰碧波荡漾，鱼游虾戏，不胜人间仙境！

十八景中的“危峰招鹤”“艮岳生辰”“雪浪寻踪”“石矶戏水”“岁寒梅古”“山麓鸣泉”“池莲漾碧”等在文中已提及，此处不再赘述。

静观妙境

第三章

文脉篇

第一节　王世贞《游金陵诸园记》

南京历史上的园林修筑较多，但较之苏杭等地，留存下来的却屈指可数。明代开国功臣徐达后人在南京大兴土木、叠山理水，是南京古典园林建造的一个高峰。而有关瞻园具体面貌的最早记述见于王世贞《游金陵诸园记》，这珍贵的文献史料，是一篇写于明万历年间的游园记。

王世贞（1526—1590），明代文学家、史学家，字元美，号凤洲，别号弇州山人，江苏太仓人。嘉靖二十六年（1547）进士，官刑部主事，累迁至南京刑部尚书，卒赠太子少保。王世贞是明朝中晚期重要的文学家，复古流派“后七子”最重要人物，独步明中期文坛20余年。《明史》称其“才最高，地望最显，声华意气笼盖海内”。王世贞一生游宦40余年，所游所记“不唯数量之巨，而且所作往往自出手眼，兴寄都深”。由于王世贞本人即拥有多座园林，且造出了著名的“弇山园”。因此他兼有文人和造园者的专业背景，深谙园林营造和品评之道，其对西圃园景的记载，留给后人对中国传统园林绮丽的想象。

对于《游金陵诸园记》的写作意图，王世贞开篇即有说明：“洛中之园，久已消灭无可踪迹，独幸有文叔之记以永人目。而金陵诸园尚未有记者，今幸而遇余，余亦幸而得一游，又安可以无记也？”古代著名的洛阳园林，在岁月长河中早已湮灭不见，今人已无踪迹寻古，幸而留存有相关文字记载，后人可以遥忆其盛状。现在金陵城内的园林众多，却无文字著录于书中，我能有幸游览这些园林，何不把它们记述下来呢？

明代的西圃是豪贵私人宅地，因而寻常百姓没机会随意进出参观。《游金陵诸园记》就此论曰：“公之第西圃其巨丽倍是，然不恒延客，客与者唯留守中贵人、大司马及京兆尹丞耳。”意思是西圃的风貌精美华丽，园林建造宏大别致，由于园主人不轻易宴客游赏，只有南京城内的达官显贵才能受邀做客。

《游金陵诸园记》中王世贞记录了他两次游历西圃的经历。万历十六年（1588）三月初游西圃，王世贞时任南京兵部右侍郎，受南京兵部尚书吴文华之约，他与刑部尚书陆祖光、刑部侍郎张公同往。

时隔一年，万历十七年（1589）的秋天，王世贞第二次到访西圃。此时的他已官升南京刑部尚书，西圃园的主人魏国公徐邦瑞已经辞世，新主人徐维志袭承爵位。这次王世贞对园内景色的描述更为细致，从踏入西圃大门开始，园内的路线、沿途景观都有介绍：“西穿二门，复得南向一门而入，有堂翼然，又复为堂，堂后复为门，而圃见。右折而上，逶迤曲折，叠磴危峦，古木奇卉，使人足无余力，而目恒有余观。下亦有曲池幽沼，微以艰水，故不能胜石耳。后一堂极宏丽，前叠石为山，高可以俯群岭，顶有亭尤丽。”王世贞笔下的西圃，曲径通幽，建筑装饰华丽，目及之处假山逶迤、古木奇卉、曲池幽沼，园林景色给王世贞留下了深刻印象。此时恰值西圃菊花繁盛，秋意盎然，因而园主徐维志又热情地邀约王世贞游园赏春，“春时烂漫若百丈宫锦幄，公能一来乎”？

《游金陵诸园记》收录在王世贞晚年著作《弇州山人续稿》中，这段有关西圃的文字质朴无华、自然宛转，恰是王世贞文学作品风格晚年趋于恬淡的表现，体现了作者文学审美的精神内核。因为这篇游记，瞻园的建园历史有迹可循，南京城的园林发展也有史料佐证，王世贞可谓功不可没！

第二节 《儒林外史》中的瞻园

瞻园自建成后，有诗词歌赋以文字记录它的美，有绘画以水墨丹青表现它的美，也有文豪以瞻园的美景作为背景进行文学创作。清代著名白话长篇小说《儒林外史》以冬季瞻园的美景为蓝本，创作了第五十三回“国公府雪夜留宾，来宾楼灯花惊梦”，这段文字展现了明代魏国公私家花园里积雪初霁、梅花掩映的冬景。

吴敬梓（1701—1754），字敏轩，号粒民，生于安徽全椒，出身缙绅世家。吴敬梓年少经历家族纷争，自称是

瞻园内景

瞻园内景

“早岁艰危集”；中年其父辞官家道中落，万贯家产几近散尽。1733 年，吴敬梓愤然“身辞乡关”，迁居南京城东大中桥“秦淮水亭”，家境已困。因厌恶八股科考，他决心不再仕途考试，专注文学创作。贫困潦倒的生活境遇中，吴敬梓于乾隆十四年（1749）成书 30 万字现实主义巨著《儒林外史》。吴敬梓在南京生活的 21 年中广泛交友，被“四方文酒之士推为盟主”。当时瞻园是安徽布政使衙署，聚集了一批在南京的安徽籍文人，吴敬梓以学士、名贤、酒友身份经常出入藩台衙门，瞻园是他熟悉的场所。因而“国公府雪夜留宾，来宾楼灯花惊梦”一回，吴敬梓用细腻的文墨勾勒出园中景致：

……陈四老爷认得他是徐九公子家的书童，接过书子，拆开来看。上写着：“积雪初霁，瞻园红梅次第将放。望表兄驾过我，围炉作竟日谈。万勿推却。至嘱！至嘱！上木南表兄先生。徐咏顿首。”……轿子落在国公府门口，长随传了进去。半日，里面道：“有请。”陈木南下了轿，走进大门，过了银銮殿，从旁边进去。徐九公子立在瞻园门口……只见那园里高高低低都是太湖石堆的玲珑山子，山子上的雪还未融尽。徐九公子让陈木南沿着栏杆，曲曲折折，来到亭子上。那亭子是园中最高处，望着那园中几百树梅花，都微微含着红萼……陈木南道：“表弟府里不比外边，这亭子虽然如此轩敞，却不见一点寒

瞻园内景

红装素裹

气袭人。……”吃了一会，陈木南身上暖烘烘，十分烦躁，起来脱去了一件衣服……说了一会，陈木南又觉得身上烦热，忙脱去一件衣服，管家接了去。陈木南道：“尊府虽比外面不同，怎么如此太暖？”徐九公子道：“四哥，你不见亭子外面一丈之内，雪所不到。这亭子都是先国公在时造的，全是由铜铸成，内中烧了煤火，所以这般温暖。外边怎么有这样所在。”……天气昏暗了，那几百树梅花上都悬了羊角灯，磊磊落落，点将起来，就如千点明珠，高下照耀，越掩映着那梅花枝干横斜可爱。

吴敬梓从现实中获取素材，基于自己的认知，艺术化塑造小说中人物和环境，所以《儒林外史》假托明朝实际展示了康乾时期社会风情。这种源于生活和人物性格的真实塑造，折射出作者吴敬梓丰富的生活阅历和见闻感触。文中的国公徐九公徐咏，历史原型是明代徐达魏国公家族的后人。小说通过艺术处理，将徐达十一世孙徐文爵真实姓名隐去，塑造为徐咏。魏国公家族作为开国第一功臣徐达的子嗣，朱棣在靖难之役后把都城从南京迁都北京，他们继续在南京坚守家业，爵位传承始终，家族名望煊赫一时。西圃是明正德、嘉靖时期江南造园高峰的产物，清代虽改易为布政使衙署，但园内景致基本保存下来。清代初年，吴敬梓进入瞻园时园内风貌如旧。小说是社会生活的现实呈现，对研究清初金陵社会面貌有一定的历史参考。

《儒林外史》中瞻园“积雪初霁，瞻园红梅次第将放”。“敞轩”而“温暖”的“铜亭”，入夜望着那园中几百树梅花，微含红萼，入夜悬挂的羊角灯“如千点明珠，高下照耀，越掩映着那梅花枝干横斜可爱”。这些语句，已经成为描写瞻园冬季景色的经典，留给后人无限遐想。如今，瞻园中北假山如故，恰如书中所言“太湖石堆的玲珑山子”。每年冬季，白雪覆盖下的瞻园，梅花傲雪凌霜、暗香疏影，也有书中描写的几分意境。

第三节　袁江《瞻园图》

清代画坛“界画第一高手”袁江（约 1662—1746）挥毫泼墨，画笔下的《瞻园图》展现鼎盛时期园内瑰丽奇

袁江《瞻园图》

绝的风貌格局。

袁江，字文涛，号岫泉，江苏江都（今扬州）人。早年学明代仇英画法，承袭唐宋青山绿水传统，后来专攻“界画”。“界画”专指以亭台楼阁、宫室屋宇古代建筑为题材的绘画作品，以界尺勾画线条，描绘出的建筑物线条规整、不变形。传统界画至少在晋代就已开始出现，隋唐时期有了大发展，宋代则达到高峰期。随着元代后文人画的兴起，界画艺术受到冲击而式微，名家高手屈指可数。清代以后，袁江将青绿山水与前代界画结合起来，自创一体，形成一种工致妍美、艳而不俗的界画风格。袁江在清初画坛异军突起，独树一帜，被称为“清代界画第一高手”。袁江长期生活在江南民间，他潜心研究艺术、创作活跃，

画作风格展现出康乾盛世的时代特征。

现存的《瞻园图》画卷，绢本设色，纵 51.5 厘米，横 254.5 厘米，藏于天津博物馆。画卷从东南朝西北俯瞰视角布景，以细腻的画笔勾勒出“金陵第一园”的规模和风貌。画面中，瞻园东侧是布政使官署，院落几重，以南北向高墙、巷弄与园林为界。高墙南、北各辟一门，南门与衙署间以走廊，门上有“瞻园”门额，是入园的主要通道；北门稍小，没有廊庑和牌额。瞻园园林分为东西两个区域，画面中建筑堂阔宇深、广庭回廊、园林奇峰叠嶂。袁江对瞻园局部描绘精致入微，展现了一幅曲折有致、精美绝伦的江南庭院。

欣赏画面的视角由东向西，瞻园东区清池碧水，因水

《瞻园图》局部

成景。水池以北叠石为山，山顶平台踞有二层楼阁，名“一览阁”，是观景至高处，画中有贤士于此雅集娱乐。一览阁前有小庭院，种植树木数株，虬松、老梅傲然挺立。庭院西侧有房舍“钟阜来青”，是单檐卷棚的敞轩，葱郁杂树环绕其周，叠石假山散落其间。庭院东侧有六角亭、方亭，诸矶临水，风中垂柳扶波，泛起阵阵涟漪，一人临水执杆渔趣。水池以东筑有邻水小轩，曲廊围绕成庭院，其间散种花木峰石。水池南岸有临水月台和单檐歇山顶“移山草堂”。月台轩敞，绕有低矮石栏，方砖铺地，是品茗赏月绝佳处。移山草堂，靠近瞻园入口，四面厅堂的大体量建筑，是园中待客的厅堂。移山草堂旁有回廊，周围环绕郁郁葱葱的树木掩映，自成庭院。

山林的自然趣味界格园林的东、西区域，绘制出翠意盎然、假山叠嶂的美景。这里峰岩峦起，洞壑曲径幽深，令人感叹鬼斧天工的精巧绝妙。西区地势平缓，西壁连廊贯穿、连接东侧“籁爽风清”堂。“籁爽风清”堂宽三开间，卷棚歇山顶。堂南的庭院有花坛、盆景，三两人游园赏景，驻足畅谈。堂北水池幽幽，竹林和湖石堆砌出一片小丘壑。

《瞻园图》中，建筑样式丰富，亭台楼阁标注具体名称，悬挂楹联文字亦清晰可见。“籁爽风清”堂悬挂两副楹联“案无俗事心常静，庭有梅花梦亦清”“每看孤云招野鹤，频携樽酒封名花”。“一览阁”悬挂楹联“秋霁闲

《瞻园图》局部

袁江图有跋

情伴竹叶，春寒有韵守梅花”。

在《瞻园图》里，袁江将中国山水的自然美、园林建筑的古典美和绘画的艺术美凝结在墨笔丹青之下，展现了“金陵第一园”盛世风貌。画面中的瞻园，山光波影、异趣横生，完美表达出画家心中的理想境界。

历史沧桑巨变，饱经战火创伤的金陵城中，瞻园满目疮痍，第一园冠甲天下的美誉不复。新中国为了保护历史文化遗产，南京市政府督导瞻园起废兴坠，袁江的《瞻园图》作为建筑复建的重要参考蓝本。如今，瞻园里可寻“一览阁”“籁爽风清”“移山草堂”等建筑，画中的楹联也由当代书法大家重新书写，悬挂门楣两侧。在2012年举办的“新金陵四十八景”评比中，瞻园再次入选，可谓“市井喧腾往来地，有岁月静好如斯”。

第四节　袁枚与瞻园

袁枚，字子才，号简斋，钱塘（今浙江杭州）人，晚年自号“随园老人”，清朝乾嘉时期代表诗人、散文家、文学批评家和美食家。袁枚 34 岁辞官，82 岁高龄逝世，一生中近 50 年的时间生活在南京。

袁枚少有才名，擅长写诗文。乾隆四年（1739），进士及第，授翰林院庶吉士。乾隆七年（1742），外调江苏，先后于溧水、江宁、江浦、沭阳共任县令 7 年，袁枚为官勤政、颇有声望，但仕途不顺、无意吏禄。乾隆十四年（1749），袁枚辞官隐居于南京小仓山随园，他因地制宜、顺应自然，对随园“一造三改”。随园风景清幽迷人，吸引四方文人来此雅集。归隐后袁枚无拘无束，创作了大量表现自我性情的诗篇，成为乾嘉诗坛赫赫有名的诗坛将领，引领一代诗风。袁枚文笔与大学士纪昀齐名，时称“南

瞻园内景

袁北纪”。嘉庆二年（1797），袁枚去世，享年82岁高寿，世称“随园先生”。袁枚一生从心所好、畅怀适意。

袁枚与瞻园的渊源，要从与清代布政使的交往说起。清代，布政使官员多进士出身，既擅诗文，又惜诗才，袁枚在与他们交往中留下不少和诗对唱。袁枚为官江宁时，与安徽布政使陈德荣私交甚好，作为上级官员的陈德荣时常在花开季节，邀请袁枚到安徽布政使衙署的瞻园游赏，“每瞻园花开，必招余游赏，不以属吏待”。

袁枚与乾隆南巡驻跸瞻园时的安徽布政使托庸，两人交情甚笃。托庸（？—1773），字师健，满洲镶黄旗人。乾隆南巡，为了迎接圣驾，托庸重整瞻园，经过一番营建，

一览阁

瞻园风景达到历史鼎盛期。因与瞻园结缘深重，托庸自号瞻园，留存《瞻园诗抄》。袁枚通过同乡六合县令潘涵的引荐，与托庸结识，并时常到瞻园赏玩。袁枚用诗句记录下二人的情谊，也记录下瞻园的山水花木，合集在《瞻园十咏为托师健方伯作》里。这些咏瞻园的诗句流传甚远，久负盛名。

《瞻园十咏》描绘了瞻园内山水楼台的别致，以及竹、梅自然景致的雅韵，诗名分别为《石坡》《梅花坞》《平台》《抱石轩》《老树斋》《北楼》《翼然亭》《钓台》《板桥》《梯生亭》和《竹深处》。袁枚的诗歌创作，充满感情，具有文学想象力和语言艺术力。诗歌作品的风格，率真生动，清新灵巧，富有情趣。袁枚的文字中，既表达了其与托庸之间的情谊，也赞誉了托庸的厚德为人的品德。乾隆二十六年（1761），托庸擢升安徽巡抚，践行离别金陵之时，托庸以瞻园牡丹相赠，袁枚不禁感伤悲泣。

袁枚与瞻园的过往，通过诗文记录流传，成为研究清代瞻园历史的宝贵史料。

石坡

平泉三品石，堆作一家春。不假嵯峨势，真如蕴藉人。
峰低安放稳，路曲往来频。想见公余遐，临风倚角巾。

梅花坞

环植寒梅处，横斜画阁东。一轮明月照，满树白云空。
春到孤亭上，香闻大雪中。要他花掩映，新制石屏风。

平台

老眼三朝阔，平台四角方。因山分上下，望远入苍茫。
得尽青天月，铺匀碧瓦霜。谢公诗兴发，独坐咏清商。

抱石轩

一轩当石起，紧抱丈人峰。花月分窗入，烟萝合户封。
坐怜红日瘦，行觉绿阴浓。鸟问幽栖客，人间隔几重？

老树斋

从前树为屋掩，公拓出之，得旧础，果其地也。

老树得春先，亭檐遮几年。树椽移向后，万绿尽当天。

叶密雨声聚，枝高日脚悬。新基即旧础，暗合古贤缘。

北楼

北斗挂高楼，江山一望收。白云檐外宿，清露槛前流。

远树深藏寺，风窗易得秋。飞花杂松子，终日打帘钩。

翼然亭

山顶翼然亭，登临见杳冥。炊烟离瓦白，高树出墙青。

海镜明初日，江灯落远星。台城千万雉，拱列似围屏。

钓台

春波二月平，垂钓足幽情。古石连云瘦，疏花映竹清。

萍开鳞有影，丝细水无声。久坐不归去，溪头月正明。

板桥

渺渺烟波处，亭亭见板桥。横陈如待渡，小卧欲当潮。

屐齿苔痕滑，春晴水影消。杖藜扶我过，隔岸有花招。

稊生亭

有古树枯而复生。

黍谷阳和转，枯杨竟长稊。

春风如隔世，去鸟复来栖。

树解轮回义，亭留瑞事题。

知公多雨露，沟壑起烝黎。

竹深处

袅袅碧琅玕，虚窗八面看。摇风青欲滴，听雨书生寒。

绿风迷春影，飞尘扫画栏。恐教司竹监，难数几多竿。

第五节　延安殿祭拜中山王

清代惯例，衙署内的建筑布局“宅门皆在正堂后”。而江宁布政使衙署则因借用明魏国公府而有所不同，宅门“在堂之右偏”。而正堂暖阁之后，有二层楼“延安殿”，是祭祀明中山王徐达的场所。殿内悬挂徐达画像，供奉牌位，并有衙役专人负责香火洒扫。历代布政使上任，均要先至延安殿祭拜徐达，以示崇敬。布政使衙署祭拜徐达一事，见于清代文人的诸多诗句之中。

清朝乾隆时期诗人王友亮，在其撰的《金陵杂咏》第宅类《江宁藩司署》一诗中，描写了布政司衙署祭拜徐达的歌咏。王友亮（1742—1797），江宁府上元县人。其家族是清中叶著名的文学世家，袁枚称赞“一家能诗”。王友亮26岁时撰《金陵杂咏》，诗歌创作时间虽然较早，最终成集却在25年后的乾隆五十七年（1792）。全书有诗263首，编纂的体例与郡志相似，分成了山岩、川梁、城市、第宅、园亭、祠庙、寺观等杂物十类，结合郡志和亲身游历完成。诗集中的每首诗都有小注，这些小注介绍该处的轶闻传说。《江宁藩司署》的小注是：“明徐中山第，大功坊即在其侧，署有小楼，中山遗像在焉。”中山王徐达的府邸在大功坊的一侧，布政使衙署内有一小楼，内有徐达遗像。诗文中还有焚香祭拜的诗句，全文如下：

方伯今开府，中山旧作家。功坊虽剥蚀，赐第本高华。

小燕回春社，群蜂趁午衙。楼头一炷香，遗像肃乌纱。

中山徐武宁王遗像

袁枚修撰的《江宁新

祭祀中山王场景

志·古迹志》记载徐达府“楼中有一巨椅，相传魏公所坐，至今无敢动者”。

嘉庆时期的诗人陈文述亦有诗记载此事：“明祖既建宫城，以旧内赐中山，继而悔之，乃为另建兹第。今为方伯署，小楼犹祀中山像。灵爽甚著。”明太祖朱元璋建明故宫时，赐给徐达一块府邸。如今是布政使衙署，还有悬挂画像祭祀徐达的小楼。诗文“留得武宁遗像在，燕泥零落旧焚香”。也提到焚香祭拜徐达画像一事。

成书于道光年间的金陵方志学家甘熙所著《白下琐言》，书中记录江宁方伯署内有延安殿祭祀徐达，且每任布政使历任之初都有先祭奠的惯例。“衙署宅门皆在正堂后，藩衙则在堂之右偏。正堂暖阁后为延安殿，有崇楼，

明中山王徐达文物史料展一角

明中山王徐达文物史料展一角

延安殿外景

延安殿旧貌

奉前明徐中山王暨王妃像，香火扫洒设有专司。莅任之初必先祭奠。”并记述了嘉庆年间布政使先福不肯祭拜徐达，结果身体抱恙的趣闻：“嘉庆间，方伯先茀将入署，吏以为请，不行。曰：彼亦前朝人臣耳！无何，阖署头痛，祀之乃安。地为王之旧府，灵爽凭依，胡可亵耶！”最终祭祀后才得以缓解头痛不适，作者感慨这是徐达的旧王府，灵爽凭依，怎么能亵渎呢？

瞻园东北侧的“延安殿”，到21世纪初已面目全非。进入21世纪，太博馆依据史料，经过两年多的规划、扩建，2009年底基本再现原来的风貌，并辟为“明中山王徐达文物史料展”馆。如今的延安殿，悬挂对联“破虏平蛮，功贯古今人第一；出将入相，才兼文武世无双”，是明太祖朱元璋对这位开国第一功臣的评价。延安殿的一层明间正堂复原祭祀徐达的场景，大厅四周配以八幅大型工笔重彩磨漆壁画，从“仗剑从军”“从取集庆”“大战鄱阳”“平定姑苏”“克复大都”“决胜漠北”“威镇渝燕”“御赐甲第”八个方面概括了徐达的半生戎马，娓娓道来这位传奇大将的赫赫战功。

第六节　名石撷英

瞻园除假山外，在庭院、路边、水隅、墙角、草地等处点点分布的石峰是对因受地势限制而不能叠置假山的地方一种有效补充。这些石峰或凸兀峻峙，或雅致隽秀，其浑然天成不经雕琢之美令人回味无穷。明代的文学家吴应箕所著《留都见闻录·金陵特征录》即记载着瞻园“以石胜，有最高峰极峭拔，有松，倚云，长生，凌云，仙人，卷石，亦名称其实”。如名石历经数百年沧桑仍傲立在园中，千姿百态的奇峰异石为园林的池馆水榭平添了古朴清雅。

瞻园中现存最有名的石峰珍品当属两块宋代花石纲的遗珍，一曰“倚云峰”，一曰“仙人峰”。

“仙人峰”在瞻园南侧的海棠院内，从正门入园走过卷棚廊屋，曲廊回转，海棠树掩映下挺拔耸立。石高 2.7 米，似仙女含羞而立，体态婀娜，玲珑剔透。

仙人峰

仙人峰一隅

倚云峰

“倚云峰”在曲廊东侧的桂花院内，体型更大，石高3.41米。秋季丹桂飘香，满园芬芳，倚云峰似一团云朵自天际悄然飘落。“倚云峰”的倩影也见于《瞻园图》，清代康雍时期的画坛高手袁江绘制，画面中“籁爽风清”堂的堂南庭院中央，长方形花坛有“倚云峰”耸立，石头的轮廓与瞻园内的“倚云峰”一致。这两块花石纲遗珍，姿态奇巧，俊俏挺拔，符合花石“瘦、皱、漏、透”审美标准，是瞻园中的瑰宝。民国时期，瞻园沦为关押共产党人的“中统”特务机关所在地，倚云峰曾被作为枪靶进行实弹演练，留下了多处弹痕，令人不胜唏嘘。

这两块太湖石相传是北宋皇家园林“艮岳”的遗物，与宋徽宗赵佶有历史渊源。赵佶是北宋第八位皇帝，艺术造诣非凡，但在历史上却是有名的“玩物丧志”皇帝。生于帝王之家，赵佶从小养尊处优，喜欢蹴鞠、玩鸟、赏石等娱乐之事，达到几无不知的精通程度。继承皇位以后，徽宗依旧醉心艺术，不理朝政，重用蔡京、高俅等奸佞之辈，造成吏治腐败、国势积弱、民不聊生。徽宗本人生活过于“骄奢淫佚，崇饰游观”，在杭州建立了一个专制皇室享用物品的“造作局”，挑选能工巧匠制造玉器和雕刻象牙等。还在苏州、杭州设立“应奉局”，专门搜集江南的奇异花木、怪石珍玩，通过大批船只漕运到都城开封，以满足其酷爱花石的癖好。

宋代陆运、水运各项物资大多编组为“纲”，如运马者称“马纲”，运米的称“米饷纲”，故为徽宗运输东南

北假山

北园石径

花石船只的编组，即被称作“花石纲”。运送花石的船只，每十船编为一纲，从江南到开封，沿淮、汴而上，舳舻相接，络绎不绝。

花石漕运到东京汴梁，装饰在宋徽宗营建的皇家园林艮岳中。艮岳位于汴京宫城的东北隅。艮，在八卦中，为山之象，若作方位，指东北方。相传宋徽宗即位之初，未有子嗣，有道士进言：“京城东北隅，地协堪舆，倘形势加以少高，当有多男之祥。”于是宋徽宗选石筑山一发而不可收，竟至搜刮天下，大兴“花石纲”。艮岳“括天下之美，藏古今之胜”，是园林掇山方面集大成者。宋徽宗赵佶曾亲写《御制艮岳记》，园内冈连阜属，东西相望，前后相续，左山而右水，后溪而旁垄，连绵而弥漫，吞山而怀谷。园内植奇花美木，养珍禽异兽，构飞楼杰观，极尽奢华。

瞻园石峰

花石纲漕运所过之处，当地百姓要供应钱

谷和民役。太湖石、灵璧石等花石体形硕大，有的地方官府甚至拆毁桥梁、凿坏城郭，只为让船队通过。宋徽宗曾得太湖石高四丈，载以巨舰、役夫数千人，应奉局准备的船只不能应付，竟将几千艘运送粮食的船只强行充用，甚至旁及商船，对社会经济造成极大危害。花石纲前后延续20多年，江南百姓苦不堪言，《宋史》有记载花石纲之役："流毒州县者达20年。"北宋末年民怨沸腾，国力困竭，最终金兵乘虚而入，宋徽宗被金兵掳走，国破山河不在。元人郝经曾咏道："万岁山来穷九州，汴堤犹有万人愁。

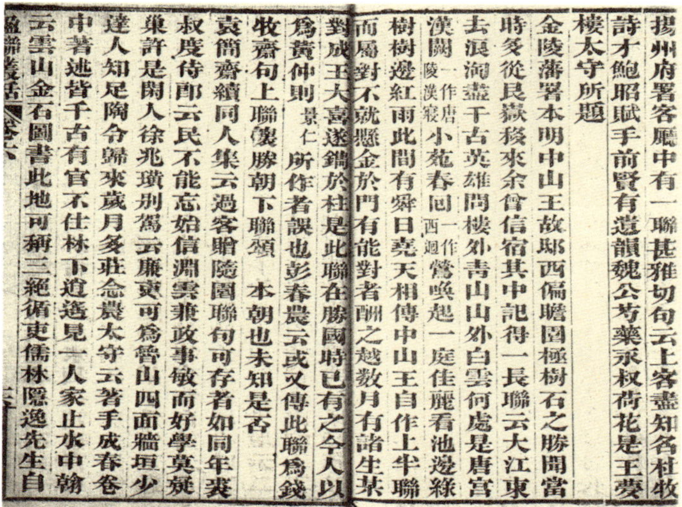
揚州府署客廳中有一聯甚雅切句云上客盡知名杜牧詩才鮑昭賦手前賢有遺韻魏公芍藥承叔荷花是王夢樓太守所題

金陵藩署本明中山王故邸西偏瞻園極樹石之勝聞當時多從艮嶽移來余曾信宿其中記得一長聯云大江東去浪淘盡千古英雄問樓外青山山外白雲何處是唐宮漢闕（一作唐陵漢寢）小苑春回（一作西迴）鶯喚起一庭佳麗看池邊綠樹樹邊紅雨此間有舜日堯天相傳中山王自作上半聯而屬對不就懸金於門有能對者酬之越數月有諸生某對成王大喜遂鐫於柱是此聯在勝國時已有之今人以為黃仲則（景仁）所作者誤也彭春農云或又傳此聯為錢牧齋句上聯懷勝朝下聯頌本朝也未知是否

袁簡齋續同人集云過客贈隨園聯句可存者如同年裘叔度侍郎云民不能忘始信淵雲兼政事敏而好學莫疑巢許是閑人徐兆璜別駕云廉吏可為普山四面牆垣少達人知足陶令歸來歲月多莊念農太守云著手成春卷中著述皆千古有官不仕林下逍遙見一人家止水中翰云雲山金石圖書此地可稱三絕循吏儒林隱逸先生自

楹聯叢話　卷六

《楹联丛话》有关瞻园有花石纲的记载

招鹤峰

中原自古多亡国，亡宋谁知是石头？”艮岳随着宋王朝的灭亡，园内花石纲珍品四处流散、流落民间。

此外，园内尚有群云、玲玉、指月诸峰及三友、凤味、水镜、娲石、拜石等名石。瞻园在20世纪60年代整修时，曾从附近废圮园林收集不少山石，虽非明清瞻园旧有之石，却是南京古典园林的重要组成。

在瞻园东南入口东侧有一道垣墙，从墙上的漏窗后可见一高一矮两座石峰，高的那座是“招鹤峰”。招鹤峰高约3米，下部雕有海水卷浪纹，取“寿山福海”之意。石峰上刻有明代杰出书画家、“吴门画派”创始人沈周，明弘治皇帝侍讲、书法家吴宽，明弘治年间状元钱福，三个人的题诗，字迹依稀可辨，据此推断此石有 500 余年的历史。相传为明朝开国大将徐达的别业旧物，原在四福巷的栝园，随着明王朝的灭亡，栝园逐渐衰败，至清道光年间，园已废圮，这块名石也被埋入断壁残垣，却因此得以幸存。1989 年，因四福巷一带拆迁，此石在工地上重新出土，后于 1991 年被移入瞻园内。清代文人杨大堉写有《瞻园》一诗："罨画名园淡不收，廊腰曲曲径通幽。危峰拔地亭招鹤，老树拿空干化虬。远挹山光浓翠合，闲垂竿影浅蓝浮。苍然一品襄阳石，分得棠阴月半钩。"吟诗赏石，顿生思古之幽情，俊秀奇特的山石耸立在静谧的玉兰院中，

群玉峰

构成“危峰招鹤”之佳景，成为瞻园新十八景之一。

“群玉峰”独立于静妙堂北侧一株女贞树下，高逾3米，它是由一个主石峰和数个小石峰组成的石群，故而得名群玉峰。它空灵隽秀，主峰与小峰相簇相拥，好像一个脚踏祥云的仙女森森而来。在20世纪90年代火爆全国的电视连续剧《新白娘子传奇》中，瞻园乃取景地之一，群玉峰曾作为白府一景单独出境，至今仍有游客持剧照而来，只为找寻它的踪迹。“石配树而华，树配石而坚”，石峰峭削遒劲，乔木枝繁叶茂，其下复环植绿草红花，组成高低错落、刚柔并济、色彩灵动的别致景观。

凤味石

在瞻园西涧东侧，矗立着一块其貌不扬的太湖石。此石体量不大，其状淳朴，中部呈束腰状，上大下小，造型并无出奇之处，且右侧有断面，显为残石。石上镌隶书“凤味”二字，落款为“冯翼”。在湖

飞龙峰

石正面左下角，又镌有“孙启椿刻”四字，位置比较隐蔽，年久风化，字迹已模糊，故不为人关注。又因“味”字“朱”上一撇甚短，与横画相连，乍一看就像“味”字。

静妙堂的北侧还有一座“玲玉峰”，它位于群玉峰西侧约 20 米远，与西假山仅以一水涧相隔，位置正处于西假山的扇亭脚下。此峰虽仅一人余高，但借助扇亭的衬托，却显得高大有气势。紧挨着玲玉峰种植了一棵红枫，红枫衬石峰，别有一番风味。

现在“籁爽风清”堂前院落内矗立有“飞龙峰”，传为明代徐九公子南园旧物，太平天国时期为天王洪秀全兄长信王洪仁发王府中一景。1998 年，义兴巷信王府旧址拆迁时整体搬迁入园。其气势峻峭挺拔，山腹中空曲折，山巅双峰两两相对，宛若苍龙，腾空跃起，有“二龙戏水”之说。

沧海桑田，时局动荡中，瞻园内的珍石也有流落出园的。清代南京方志学家陈作霖游历瞻园相邻的方氏藿甘园废址，感慨“玲珑一堆石，分自瞻园来”。建筑学家童寯在《江南园林志》一书记载瞻园“山石传系宣和遗物，下有七洞，南临水涯。静妙堂前后方池，有沟可通。咸同战后，景况全非，湖石且有先后散入临近宅者”。

从瞻园中流出的名石，著名的有“童子拜观音”。该石由一大一小二石组成，“观音石”通高超过6米，从侧面看顶部弯垂，犹如帽子，似南海紫竹林的观音大士，玲珑剔透，仪态万方；另一块“童子石”，形状较小，半圆形，如俯身下拜的童子。其身

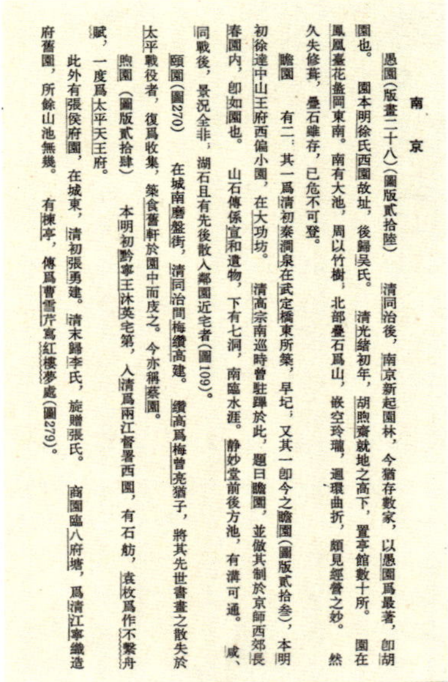
南京

愚園（版畫二十八）（圖版貳拾陸）　清同治後，南京新起園林，今猶存數家，以愚園爲最著，卽胡園也。　園本明徐氏西園故址，後歸吴氏。　清光緒初年，胡煦齋就地之高下，置亭館數十所。　園在鳳凰臺花盝岡東南。南有大池，周以竹樹；北部疊石爲山，嵌空玲瓏，迴環曲折，頗見經營之妙。　然久失修葺，疊石雖存，已危不可登。

瞻園　有二：其一爲清初秦澗泉在武定橋東所築，早圮；又其一卽今之瞻園（圖版貳拾叁），本明初徐達中山王府西偏小園，在大功坊。　清高宗南巡時曾駐蹕於此，題曰瞻園，並倣其制於京師西郊長春園內，卽如園也。　山石傳係宣和遺物，下有七洞，南臨水涯。靜妙堂前後方池，有溝可通。　咸、同戰後，景況全非，湖石且有先後散入鄰園近宅者（圖109）。

頤園（圖270）　在城南磨盤街，清同治間梅纘高建。　纘高爲梅曾亮猶子，將其先世書畫之散失於太平戰役者，復爲收集，築食舊軒於園中而庋之。今亦稱蔡園。

煦園（圖版貳拾肆）　本明初黔寧王沐英宅第，入清爲兩江督署西園，有石舫，袁枚爲作不繫舟賦，一度爲太平天王府。

此外有張侯府園，在城東，清初張勇建。清末歸李氏，旋贈張氏。　商園臨八府塘，爲清江寧織造府舊園，所餘山池無幾。　有楝亭，傳爲曹雪芹寫紅樓夢處（圖279）。

《江南园林志》中有关瞻园名石的记载

影，见于民国时期成书的《瞻园志》："旧邸奇石一，俗称观音峰，现存瞻园路碧云斋古玩铺内。旧邸奇石二，现存大全福巷内。"民国时期，古迹保护学家朱偰实地考察过金陵，著作的《金陵古迹图考·园林与第宅·园墅》对金陵诸园进行介绍，有"童子拜观音"太湖石的考察。"太平之役，古迹如洗"，古迹散落民间，大全福巷口有太湖石"高二丈许，瘦削如峰，另有老藤架其上，雅有深致，传为明中山王瞻园遗物。遍询土人，已不可寻；后询警察厅司户籍者，始知该园一部早已易主，今改建洋房，在某天井之中"。最终朱偰在一个米店后院发现"童子拜观音"，"玲珑尤昔，然深埋四周高楼之下，老藤已枯萎，无复当

南假山一瞥

年扶疏景象。居其地者，除米油商人外，尚有宪兵司令部职员某，院落湫隘，人众嘈杂”。《文汇报》著名记者、散文家黄裳，在20世纪40年代沿着朱偰的文字寻访这两块太湖石，见于《金陵五记·旅京随笔·附记》一文：“四周全是脏东西，据朱偰图考，这块石头上面本来是还有老藤的，现在没有了。站在高阜上，下望夫子庙和城里的人家，都已笼上一层淡灰色的暮霭，只有这石头寂寞孤单地兀自立在夕阳影里。”中华人民共和国成立后，有人大代表提议，将观音石搬入公园。1954年，“童子拜观音”二石终于结束了颠沛流离的生活，被迁移到南京地标玄武湖公园，供广大市民欣赏。

第七节　瞻园的楹联匾额

600年来，多少文人墨客莅临过瞻园并留下墨宝，尚有一些流传至今，并制作成楹联匾额悬挂在园内的亭台楼阁上。最有名的当属“瞻园”二字的匾额，它是由乾隆皇帝御题的，这一题字至今仍留在园内，被分别制作成一匾额和一石碑。匾额悬挂于瞻园南大门上方，“金陵第一园”的匾额下方；石碑则悬于罗尔纲史学馆前小院内、西面墙的门洞上方，这个门洞也是从展厅通往园林的门，此瞻园石碑起到了画龙点睛的作用。乾隆回到北京后，仍对瞻园念念不忘，他命内务府在京城的长春园内仿照瞻园修建了

“如园”，并作《如园》诗一首：“南北临衢各筑垣，过来复道便如园。有泉有竹清幽致，曰室曰斋淳朴敦。境写中山遥古迹，石移西岭近云根。迩方小得心怀畅，景对南熏略可论。”

书法名家的题字在瞻园内也比比皆是。南大门上“金陵第一园”的匾额是由著名书法家赵朴初先生题写。赵朴初是著名的社会活动家、杰出的爱国宗教领袖、享誉海内外的著名作家、诗人和书法大师，深受广大群众的尊敬和爱戴。赵朴初的书风与苏轼的书法有着密不可分的渊源。赵老初学王羲之、王献之父子及唐楷，后学苏东坡，他和苏东坡所追求的书法艺术境界十分相近。苏东坡云：“端庄杂流丽，刚健含婀娜。”赵朴初在论诗中写道：“门前流水尚能西，东坡所羡差堪及。”如此闲适的心境与苏东坡“书初无意于佳乃佳尔”的审美取向可谓异曲同工。赵朴初对传统

如意峰

门前石狮

的书法艺术研究博采众长、去粗取精，他所书的“金陵第一园”几个字稳健舒展、气象端严、温婉大气。赵朴初还为“瞻园艺舍”“迎翠轩”分别题写了匾额，所书别致秀丽、俊朗飘逸。

南园的主体建筑静妙堂是由清同治年间的江宁布政使李宗羲命名的，取“妙境静观殊有味，良游重继又何年”之意，由于战乱，原牌匾早已不知所踪。中华人民共和国成立后，著名书法家林散之以草书为“静妙堂”重新题写了匾额，悬挂于静妙堂的南门。林散之的草书飘逸潇洒，被称为“林体”。他与北京大学教授、草书名家李志敏并称“南林北李”，被誉为“草圣”。林散之师从中国画大师黄宾虹，黄宾虹传授林散之不拘泥于旧论，直入原初书法文本，并授以用笔用墨之法。他经数十年寒窗苦学，专心致志，积学厚，涵养富，直至60岁才专攻草书，76岁才“大器晚成”、一举成名。也正因为其成名很晚，不仅其书法功底至深，而且又因其做人之真诚和在诗、绘画等多方面的成就，滋养了其书之气、诗之韵、画之意，使之具有超凡脱俗的境界、深邃隽永的意韵。除“静妙堂”外，他还为“罗尔纲史学馆”题写了匾额，他的草书笔笔中锋、线条瘦劲、柔中有刚、遒健雄浑、飘逸天成。

在静妙堂的北门挂有一副对联，上联曰“噫！石本多情，不言何憾，萦丘壑，绘烟霞，镇日静观同啸傲”；下

瞻园艺舍

瞻园艺舍匾额

联曰“嘻！水能益智，其乐无穷，潜蛟龙，藏宇宙，毕生妙想此淹留”。对联的书写者为林散之的入室弟子、诗人、书画家、中国农科院及南京农业大学中国农业遗产研究室副研究员、江苏文史馆馆员——单人耘先生。单老在诗画、书法、治印、散文等领域均有建树。单老的诗如行云流水，诗词功力深厚，融古师今，真挚醇美；书法有晋唐风韵，题画更显高雅流畅；山水画幅层次衔接自然，烟岚掩映，使人一览之下就有一种悠远、空灵、远离尘嚣之感，他的诗词书画楹联均获过大奖。江苏省美术馆原副馆长马鸿增先生以“能承传黄宾虹、林散之两贤达的德、诗、书、画‘四清’的高人”高度评价单老。单老这副对联为行书，书风俊逸高雅、流畅清秀、倚侧秀逸。

单人耘还为瞻园撰写了另一副对联，挂在静妙堂的南门、林散之“静妙堂”的匾额之下。上联为“垒石石岭峰潭清影静妙在，自然千载匠心岩壑趣”；下联为“仰天天浩荡云退翳消安之，若素万家盂尝太平羹”。此对联的书写者为中国书法家协会会员、江苏省美术书法研究会副理事长、南京市书法家协会理事齐昆先生（号枝三）。齐昆拜谒林散之先生门下，向林散之学习书法。齐昆的书法作品以清新、疏朗著称。齐昆所写的这副对联字与字之间的间距较大，同时又能兼顾上下的联系，达到松而不散、散而不离的艺术情趣。他所写的每一笔画的起讫、转折均到位，提、按、钩、点一笔不苟，能粗而少臃肿，能细而少孱弱；枯不干瘪，转不浮滑，重视疏密、轻重、缓疾、刚柔、枯润、聚散等对比变化，形成作品中的节奏情趣，增加了作品的内涵。

静妙堂匾额

静妙堂楹联

静妙堂内挂有一副对联，上联书“孱愁对此宜舒眉，红板桥低，绿杨燕舞”；下联书“萧瑟登临好送目，秦淮水软，白下风柔”。此对联乃著名书画家王学仲所书，他曾师从吴镜汀、徐悲鸿、李可染等书画家，他的书法功底深厚，善行草书，曾获得我国当代书法界的最高奖——“兰亭奖”终身成就奖。这副行草对联充分体现了王老的书法气势雄浑、跌宕起伏、飘逸洒脱的特点。

静妙堂内还挂有一副对联，上联为明太祖朱元璋的爱将、瞻园最早的主人徐达所作：“大江东去，浪淘尽千古英雄。问楼外青山，山外白云，何处是唐宫汉阙。”下联相传是徐达从一书生处购得：“小苑春回，莺唤起一庭佳丽。看

一览阁

池边绿树，树边红雨，此间有舜日尧天。”对联的书写者为优秀的中国共产党员、无产阶级革命家、军事家、书法家张爱萍将军。张将军尤其擅长行草，得张旭、米芾的神韵，这副对联书写得激浊扬清、一气呵成。张爱萍还为一览阁题写了匾额，“一览阁”三个字气宇轩昂、大气挥洒。

一览阁的楹联“爽借清风明借月，动观流水静观山”由现代著名女书法家萧娴所书。她曾荣任中国书法家协会名誉理事、江苏省书协副主席、南京市书协名誉主席等职务。她与林散之、胡小石、高二适并称“金陵四老”，足见其地位与成就。萧娴学书从篆隶入手，取法于古，她以

一览阁匾额与楹联

延晖亭楹联

篆书《散氏盘》为习字的摹本。康有为曾对她十几岁时所临《散氏盘》给予了高度的评价：“笄女萧娴写散盘，雄深苍浑此才难。应惊长老咸避舍，卫管重来主坫坛。”后萧娴作为入室弟子拜在康有为的门下，无论是在书法创作方面，还是在书法理论方面，她都受康有为影响很深。萧娴所书对联点画纵横驰骋、外放内敛、大气磅礴，有伟丈夫气概，给人以强烈的印象。

延晖亭位于一览阁的东侧，每当夕阳晚斜，碎影满阶，瞻园最后一抹阳光落在亭上因而得名。“延晖亭”匾额由著名书法篆刻家沙曼翁书写。沙老先后担任中国书法家协会会员、江苏省文史研究馆馆员、苏州市书法家协会顾问、东吴印社名誉社长等职务。沙曼翁致力于书法篆刻艺术实践及艺术原理的研究，在金石篆刻、古文字学、书法等领域均有卓越的开创性贡献。他的书法篆刻艺术，承周秦吉金石鼓之气韵，继汉唐碑帖之风神，从清代碑学的樊篱中走出来，开辟了一条当代碑帖相融的写意新路。他擅长各体书法，善于师承各家各派，形成了独特风格。他所书的“延晖亭”匾额为隶书，外溢情趣，内蕴性灵，浑厚庄重。

著名书画家陈大羽为花篮厅题写匾额“花篮厅”，悬挂在花篮厅外西侧。陈大羽先生是书画双修的大师，他的画以大写意花鸟而著称，尤其擅长画雄鸡，兼及山水、人物，他的画气势宏伟、笔力雄健；其书法长期攻研碑体铭文，并掺和了唐代书法家怀素、明末清初书画家王

花篮厅匾额

铎、晚清书画家吴昌硕、近代书画大师齐白石等名家书风，在篆体和行草上既见传统，又见性格，书风豪迈沉雄，气势纵横驰骋，书画金石相得益彰。他所书“花篮厅”为篆书，结体巧拙相济，笔画遒劲有力，笔墨雄浑老辣。陈大羽还为“籁爽风清”堂题写对联一副：“案无俗事心常静，庭有梅花梦亦清。”此对联为草书，行笔流畅，俊逸洒脱。

致爽轩的“致爽轩”匾额书写者为当代著名的书画家、最杰出的左笔书法家费新我。他历任上海万叶书店编辑室美术编辑、江苏省国画院一级画师等职务。中国书法家协会主席、著名书法家启功先生曾赋诗一首给予了费新我极高的肯定，诗曰：“秀逸天成郑遂昌，胶西金铁共林翔；新翁左臂新生面，单势分情韵更长。”这首诗源于费新我一段悲怆的经历：1959 年 11 月，他的右腕尺骨脱臼后被

致爽轩

医生确诊为关节结核，再也不能继续作书画了。但他并未因此而放弃，迎难而上，改以左手执笔重新学习书法。他废寝忘食、夜以继日地练习，付出了常人数十倍的努力。终于，他的左手书法甚至超过了他的右手，达到了登峰造极的地步。毛泽东曾高度评价他："费新我身残志坚，以左手练书法，能达到炉火纯青的地步，更值得我们好好学习。"他所书的"致爽轩"匾额为行书，笔法挺拔雄健、凝练遒劲，既有随意走动的流动感，又具有凝重苍涩之势，以左笔逆势自成一格，有极其独特的艺术魅力。

"籁爽风清"堂的"籁爽风清"匾额由书坛泰斗沙孟

"籁爽风清"堂

海题写。沙老对于语言文字、文史、考古、书法、篆刻等均深有研究。他曾任浙江大学中文系教授、浙江美术学院教授、西泠印社社长、西泠书画院院长、浙江省博物馆名誉馆长、中国书法家协会副主席。北京大学教授、著名书法家陈玉龙曾对沙老作出了高度评价："纵观 20 世纪中国书坛，真正凭深厚书法功力胜出，达力可扛鼎境界者，要数康有为、于右任、李志敏、沙孟海等几人。""籁爽风清"四个字的线条浑厚朴拙，于纵横之间任其自然，雄浑刚健、气势磅礴，令人羡叹不已。

翼然亭的匾额"翼然亭"由著名书法家启功先生所书。启功姓爱新觉罗，乃是雍正帝九世孙。他长于古典文学、

"籁爽风清"堂内景

翼然亭匾额

古文字学的研究，曾任辅仁大学教授、北京师范大学教授、故宫博物院顾问、中央文史馆馆长、国家文物鉴定委员会主任委员、中国书法家协会主席、西泠印社社长等职。先生也是著名的书画家，他的旧体诗词亦享誉国内外诗坛，故有诗、书、画“三绝”之称。启功自幼喜欢书法，他的学习经历相当具有传奇色彩，由于其出身皇族，有机会结识了许多诗人、学者、艺术家，从他们身上博采众长。他的书法技法之全面，为一般人难以企及。他的书法作品，内紧外放的结体，遒劲俊雅的笔画，布局严谨的章法，都达到了炉火纯青的高超水准，形成一家之风，被人们奉为“启体”。他所书的“翼然亭”匾额儒雅秀丽、隽永洒脱、富于书卷之气，使观赏者觉得余味无穷。

西假山的“岁寒亭”匾额由著名书法家武中奇所题。武中奇先生曾任江苏省国画院副院长、中国书法家协家会理事。武中奇的书法在汲取唐碑风骨、魏晋神韵，博涉诸

岁寒亭

家的基础上，形成了气势浑厚、挺拔苍劲的独有的艺术风格。他的真书、草书、隶书、篆书均有深厚的功力，尤以真、草见长，特别是草书，是“以碑融草”的大胆尝试者和成功者，开宗立派，独树一帜，世称“武体”，人们对他的书法有“笔如风云气如虹，积健为雄见此翁”的美誉，在中国书法史上占有重要的位置。武中奇还为“籁爽风清”堂题写楹联一对：“每看孤云招野鹤；频携樽酒对名花。”这副对联书写上动静相依、错落有致，是不可多得的草书佳作。

西假山的“扇亭”匾额由著名书画家赖少其所书。赖少其先生是中国当代画坛领袖之一，长期兼任安徽省美协、安徽省书协主席，有“艺坛圣哲”之称。赖少其的字有浓厚的简札和石刻的味道，方笔如削拔苍稳的感觉，金石韵味十足。赖少其的行书学习王羲之的《兰亭序》，他的行书游走自然，在风华婉转中显露出艺术上的天真和淳厚，体现着拙和朴的美；楷书学欧阳询的《九成宫醴泉铭》《皇甫诞碑》和《化度寺碑》；漆书学习“扬州八怪”之首的金农，在临摹金农漆书20年后，又进行了创新，形成自己“拙”和“朴”风格；隶书学习清代书法家邓石如、伊秉绶的书法，见贤思齐，将两者的长处糅合于自己的漆书中，最终锻造出他独特的书风。他所写的“扇亭”二字宏浑厚重、健实有力，是他书法风格的充分体现。

扇亭匾额

《明中山王徐达文物史料展》位于延安殿，殿的匾额“延安殿”由中国书法家协会副主席、江苏省书法家协会主席、南京师范大学教授尉天池题写。尉老是我国第一位书法学教授，享受国务院特殊津贴，他曾荣获中国书法最高奖“兰亭奖”终身成就奖。他先后师承沈子善、林散之先生，擅长楷书、行书、隶书、篆书、草书，尤以行书最为著名。尉天池的行书笔墨挥洒帅气、线条粗放豪放、点画任性狂野，一种奔放激越的情感和排山倒海的气势跃然纸上，具有强烈的个人风格和震撼人心的视觉冲击力。他有意扬弃传统帖学的庸正与典雅，追求一种粗头乱服、不

延安殿楹联

计工拙的即兴挥洒。他书写的“延安殿”是他行书风格的体现，字形上窄下宽，梯形的外形结构仿佛让人仰视，书风苍劲浑厚、潇洒豪放，富有张力的点画线条在纵横争折中透露出一股英迈之气。

《清江宁布政使衙署展》位于明志楼，其匾额“明志楼”由林散之的弟子、著名书法家汪迎书写。汪迎先生在林老的众多弟子中，与林老走得最近，他与林老朝夕相处4年之久，向林老学习书法。经林老点拨，汪迎掌握了林老的执笔法、运笔法、墨法等技巧，他的书风以洒脱、机智见长，下笔流畅，刚健婀娜，心随意到，常出妙境。他

明志楼匾额

所书的“明志楼”为行书，“明志楼”三个字气韵流畅、挺拔刚劲。

明志楼前挂有一副对联，上联曰“水木依然，重过名园寻往迹”；下联曰“沧桑屡易，几回春梦醒无痕”。对联书写者为著名书法家、篆刻家、安庆市博物馆原馆长胡寄樵。胡老先后师承林散之、陈大羽、高二适、石谷风、徐子鹤、罗尔纲、启功等诸多先生，既秉承众多大师之真传，又融入自己的风格，并蓄兼收、自成一家。他的篆书苍拙高古，隶书遒劲恣肆，行草洒脱有致，篆刻刀法清隽深穆、古意盎然。林散之曾赞其印“有今古之风”；日本书坛泰斗青衫山雨曾赞其隶书是他“目前在中国看到的最

逐月楼

好的隶书”。明志楼的这副对联作品运笔酣畅，风格古拙遒逸、朴茂沉雄。

石船坊位于北园的核心区域，是北园的焦点，船坊上挂有“盈盈一水间”的匾额，书体为楷书，书写者为清代书法家杨沂孙。杨沂孙的楷书以颜真卿、柳公权之楷书为体，又取各家之长，使圆浑之劲，用藏锋之功，寓巧于拙，借古于今，创造出自家的风格，笔势流畅、洒脱。由于他书法的功力深厚，字迹笔画劲利，布局法度谨严，且有疏朗开阔、遒婉俊逸的华彩。杨沂孙以貌似“平淡”达到了“精奇之致”的最高境界。

逐月楼门前一副对联为林则徐撰写，上联曰“南士渊源承北学”；下联曰“秋曹门馆坐春风”。对联的书写者为著名画家、书法家、鉴定家、史论家萧平。萧平曾在南京博物院从事书画鉴定20余年，后又调入江苏省国画院从事国画创作，他在书法、中国画创作、书画鉴赏和美术史论方面均有杰出的成就，在当今画坛实属罕见。他的作品不拘一格、借古开今、清新纵逸，将书法精气神融汇于他的绘画中，从而使其绘画作品激荡出一种从心所欲的自由风度。

逐月楼对联

抱石轩

他所书的这副对联为行书，书风洋溢着自由奔放的气势，流露出他不凡的艺术功底和独特的艺术匠心。

抱石轩匾额“抱石轩”由著名书法家庄希祖题写。庄老为中国书法家协会会员，历任晓庄学院教授、南京市书法家协会副主席、南京莫愁书画院院长等职。他曾先后拜萧娴、林散之、高二适、章诚忘四位老师学习书法，擅长隶书、楷书、行书、草书等书体。庄希祖所书的“抱石轩”为行书，书体隽秀洒脱，用笔精致、富于书卷气，是一幅行书佳作。

稊生亭匾额“稊生亭”的书写者是著名的女书法家孙晓云，她历任中国书法家协会主席、江苏省书法家协会副

稊生亭

主席、江苏省美术馆馆长、江苏省文联副主席、江苏省妇联副主席、南京市书协主席、南京书画院副院长等职务。她的书法艺术将古代书法形式与现代审美观念巧妙地融会贯通，走出了一条新古典主义之路，形成她潇洒自然、恬静淡雅、秀敏灵动的艺术风格。她所书的“稊生亭”匾额书风优美灵动，化柔为刚，笔笔生辉。

此外，太博馆前任馆长易家胜为瞻园书写了“如意”“吉祥”“兰台”三个匾额。“如意”“吉祥”位于南大门入口处如意峰和吉祥峰的身后，书体为行草，书风雄浑豪放，遒劲有力；“兰台”位于牡丹台芭蕉树后，书体为篆书，书风俊逸高雅、雍容大度。

瞻园内的楹联匾额具有极高的艺术价值和文物价值，不仅为园林美景平添了姿色，更是园林的宝贵财富，值得我们代代传承下去。

昔日瞻园因“名王宅邸，邀皇帝宸赏”而夙负盛名。如今瞻园修葺一新，以深厚的文化积淀和石奇水幽的秀美景致而列入南京“新金陵四十八景”，成为游人云集的风景胜地。而北扩后的瞻园更是再现了盛世园林景观，重振了“宁派”园林风姿。

作为秦淮风光带中一个重要的旅游景点，其深厚的文化积淀和丰富的人文景观，既是传统文化艺术架构与思想的再现，也是明清兴废盛衰史实的浓缩。在如今繁华喧闹的大都市中，能有这么一座典雅精致的古典园林，徜徉其间，真是“瞻前顾后皆妙景，怀古赏新两相宜”。

主要参考文献

1. 叶菊华:《刘敦桢·瞻园》,东南大学出版社,2013 年。

2. 袁蓉:《明清时期南京园林研究》,南京出版社,2020 年。

3. 张蕾、袁蓉、曹志君:《南京瞻园史话》,南京出版社,2008 年。

4. 周格至、张清海:《基于 < 金陵园墅志 > 的南京古典私家园林考》,《城市景观·设计》2019 年 9 月,第 16 卷,总第 331 期,第 131—140 页。

5. 俞菲:《南京瞻园园廊营造艺术探析》,《艺术科技》2016 年第 3 期，第 321、344 页。

6. 郭煦：《“有真为假，做假成真”——瞻园掇山手法之研究》，浙江大学出版社，2011 年 1 月。

7. 赵兴华：《中国园林的独特创造——叠山》，《花木盆景（花卉园艺）》1999 年 07 期，第 3—5 页。

8. 陈云文：《中国风景园林传统水景理法研究》，北京林业大学出版社，2014 年 4 月。

9. 周安庆：《金陵第一名园的神姿风采——清代袁江及其 < 瞻园图 > 的画卷释读》，《收藏界》2014 年第 2 期，第 66—69 页。

后 记

本书撰著过程中广泛参考前辈师长学者的研究成果，并从中汲取了丰富的知识学养。因版式之故，无法一一注明，只能在篇末列出参考文献，在此诚挚感谢。

本书文字初稿的历史沿革部分由陈曦撰写，园林艺术部分由王懿静撰写，相关插图拍摄及选编由徐丁、井然完成，全书统稿、定稿由戴路负责，孔令琦参与工作。由于我们水平有限，其中讹误在所难免，恳请广大读者不吝赐教。